WUNDERTÜTE INNENSTADT

Einkaufs- und Erlebnistouren
in Hessen

EDITION NORD- UND MITTELHESSEN

Wilfried Weisenberger

Verlag: BoD · Books on Demand GmbH, In de Tarpen 42,
22848 Norderstedt, bod@bod.de
Druck: Libri Plureos GmbH, Friedensallee 273, 22763 Hamburg

Coverdesign von: Image Creator in Bing

Kartendarstellung und Präsentationsgraphiken: © Bundesamt für Kartographie und Geodäsie (2025), Datenquellen: https://sgx.geodatenzentrum.de/web_public/gdz/datenquellen/Datenquellen_TopPlus_Open_01.02.2025.pdf, zusammengestellt mit uMap (https://umap-project.org).

An dieser Stelle versichere ich, der Autor, für die Darstellung und
Erwähnung diverser Einzelhändler, gastronomischer, kultureller und
touristischer Einrichtungen oder für die Verwendung von
Markenbezeichnungen in diesem Buch keine Bezahlung oder anderweitiger
Zuwendung erhalten zu haben.

ISBN: 978-3-7693-5669-4

Impressum: W. Weisenberger, Schwedenstr. 14, 91074 Herzogenaurach

WIDMUNG

Für Ruth und Tim, die in den letzten Jahrzehnten meine "Begehungen" bei gemeinsamen Besuchen in den Innenstädten geduldig ertragen, mein Berufsleben als Handels- und Kommunalberater mit Rat und Tat unterstützt und unsere gegenseitige Liebe als wertvollen Schatz sorgsam mit behütet haben.

INHALT

TOURENKARTE

Die nachfolgende Karte soll Ihnen einen schnellen Überblick geben, in welchen Städten in Hessen Einkaufs- und Erlebnistouren
für Sie aufbereitet sind. Diese Edition ist auf die Städte in **Nord-
und Mittelhessen** konzentriert. Der Bereich Südhessen ist in einer
weiteren Ausgabe enthalten.

Die Karte ist in die drei Regionen Nord-, Mittel und Südhessen thematisch eingeteilt. Osthessen wurde mit Mittelhessen "vereint", da es für den Osten Hessens keine exakte räumliche und organisatorische Abgrenzung gibt.

SYMBOLVERZEICHNIS

Die in den Städten vorgestellten Standorte werden mit deren Angebote im Detail beschrieben. Vorangestellt ist immer eine Infobox mit einem Logo auf der linken Seite und rechts mit einem QR-Code zum Scannen. Der QR-Code-Link führt zu Google Maps und informiert zum Standort und z.B. zu den Öffnungszeiten. Zwischen den beiden Kästen in der Infobox zeigen Symbole, was an diesem Standort geboten wird. Dies ist in 3 Kategorien unterteilt. Die Symbole der Ladensortimente, Gastronomie- und Erlebnis-angebote haben je Kategorie unterschiedliche Bedeutungen. Die nachfolgende Tabelle liefert eine Übersicht:

Ladensortimente		Gastronomieangebote		Erlebnisangebote	
	Accessoires		Cocktail + Wein		Museum
	Buch + Papier		Barrierefrei		Park
	Einrichtung		Bier		Schatten
	Foto		Kunst + Kultur		Skulpturen
	Freizeitsport		Speisen (trad.)		Spielplatz
	Geschirr		Speisen (veg.)		Wasser
	Getränke		Spielecke		Wellness
	Handarbeiten		Take away	Bildquelle: Designed by Freepik; www.freepik.com	
	Lebensmittel		Terrasse		
	Mode		Übernachtung		
	Pflanzen		Veranstaltungsraum		
	Radsport		WLAN		
	Schmuck				
	Schuhe				
	Spielwaren				
	Tiernahrung				

Vor dem Start der Tour wird anhand einer Karte deren Verlauf vorgestellt. Die darin verwendeten Symbole haben folgende Bedeutungen:

Symbol	Bedeutung
	Einzelhandel in Geschäften oder auf Märkten
	Gastronomie
	Erlebnispunkt / Sehenswürdigkeit / Kulturangebot
	Haltestelle Öffentlicher Nahverkehr
	Parkhaus / Tiefgarage / Parkplatz

Zu Ihrer Zeitplanung ist unter der Tourkarte der reine fußläufige Zeitbedarf (also ohne Aufenthalt in den Geschäften/Lokalen) und dem Minutenzeichen (...') angegeben.

EINFÜHRUNG

"Wundertüte Innenstadt – Einkaufs- und Erlebnistouren in Hessen" nimmt Sie mit auf eine Entdeckungsreise durch die pulsierenden Herzen unserer Städte. Lebendige Innenstädte sind weit mehr als nur Orte zum Einkaufen – sie sind ein unverzichtbares Kulturgut, das unsere Gemeinschaften prägt und das Erbe vergangener Generationen bewahrt. In ihnen verschmelzen Tradition und Moderne, Vielfalt und Geschichte. Dieses Buch zeigt, wie Hessens Innenstädte als lebendige Bühnen des Alltags Menschen zusammenbringen und unvergleichliche Erlebnisse bieten.

Der Autor ist seit seiner Jugend mit dem Einzelhandel eng verbunden und ist als langjähriger Berater von Kommunen und Handel mit deren Zusammenspiel bestens vertraut. Auf seiner Reise durch die hessischen Innenstädte ist er selbst oft überrascht, welche Formen und vor allem Energien diese Zentren in sich bergen. Deshalb erlebt er die "Wundertüte Innenstadt" immer wieder neu und nimmt Sie nun gerne mit auf seine Einkaufs- und Erlebnistouren in Hessen.

Hessen lässt sich als vielfältiges Bundesland im Herzen Deutschlands beschreiben, das sowohl durch seine wirtschaftliche Stärke als auch durch seine landschaftliche Schönheit besticht. Es vereint moderne Metropolen wie Frankfurt am Main, eines der bedeutendsten Finanzzentren Europas, mit historischen Städten wie Wiesbaden und Marburg, die reich an kulturellem Erbe sind. Hessen ist geprägt von abwechslungsreichen Naturlandschaften, darunter der malerische Taunus, der Odenwald und das idyllische Rheingau, das für seinen Weinbau bekannt ist. Die Mischung aus urbanem Leben, historischen Städten und beeindruckender Natur macht Hessen zu einem attraktiven und lebenswerten Bundesland. Dabei lässt sich Hessen in drei Regionen, orientiert an den Regierungsbezirken, in Süd, Mittel- und Nordhessen, einteilen.

Anmerkung: "Handel ist Wandel" so heißt es und so ist auch die Realität. Leider kommt es vor, dass Geschäfte trotz hoher Beliebtheit bei den Kunden sich vom Markt verabschieden müssen. Die Gründe können vielfältig sein. Auch während des Schreibens dieses Buches ist es vorgekommen, dass Läden aus den Touren genommen werden mussten. Ich bitte Sie deshalb um Verständnis, wenn auch nach Veröffentlichung des Buches einer dieser Lieblingsläden nicht mehr existiert.

MITTEL- UND OSTHESSEN

Das passt zusammen

Mittelhessen und Osthessen bilden zusammen eine vielfältige und historisch geprägte Region im Herzen Deutschlands, die sich durch ihre landschaftliche Schönheit, kulturelle Vielfalt und wirtschaftliche Bedeutung auszeichnet. Geografisch erstreckt sich diese Region von den Ausläufern des Westerwaldes und Taunus im Westen bis hin zur Rhön und dem Vogelsberg im Osten, mit Städten wie Gießen, Marburg und Wetzlar in Mittelhessen und Fulda in Osthessen als wichtige Zentren.

Mittelhessen umfasst hauptsächlich die Landkreise Gießen, Lahn-Dill, Limburg-Weilburg, Marburg-Biedenkopf und den Vogelsberg-kreis. Diese Region ist bekannt für ihre sanften Hügellandschaften, Flusstäler wie das der Lahn, sowie historische Städte und Universitäten. Die Stadt Marburg etwa, mit ihrer traditionsreichen Philipps-Universität, prägt das Bild einer lebendigen Universitätsstadt, während Gießen ebenfalls ein bedeutender Hochschulstandort ist. Wetzlar, einstige Reichsstadt, besticht durch ihre Fachwerkhäuser und als Heimat der Optikindustrie (Leica). Der Vogelsberg mit seinen erloschenen Vulkanen lädt zu Naturerlebnissen und Outdoor-Aktivitäten ein.

Osthessen, das häufig als eigenständige Region betrachtet wird, umfasst insbesondere den Landkreis Fulda und das Umland. Die Stadt Fulda selbst ist das historische und kulturelle Zentrum dieser Region, bekannt für ihren imposanten Dom, barocke Bauwerke und als ehemaliger Sitz des Klosters Fulda, einem wichtigen geistlichen Zentrum im Mittelalter. Die Rhön, die sich ebenfalls in Osthessen erstreckt, gehört zu den landschaftlich reizvollsten Gegenden Deutschlands und wird als "Land der offenen Fernen" bezeichnet. Sie bietet zahlreiche Freizeitmöglichkeiten wie Wandern, Skifahren und Naturerkundungen.

Die Verbindung dieser beiden Regionen schafft eine klare und nachvollziehbare Einteilung Hessens: Während Mittelhessen von den Universitäts- und Industriestädten geprägt ist und durch die Mittelgebirgslandschaften des Lahn-Dill-Berglandes, des Taunus und des Vogelsbergs auffällt, zeichnet sich Osthessen durch seine ruhigen, ländlichen Gebiete und die kulturelle Strahlkraft der Stadt Fulda sowie die landschaftliche Vielfalt der Rhön aus.

Gemeinsam bieten Mittel- und Osthessen eine ausgewogene Mischung aus urbanen Zentren, historischen Stätten und Naturerlebnissen. Sie bilden eine bedeutende Wirtschaftsregion, die traditionelles Handwerk, moderne Industrie und den Tourismus miteinander verbindet.

FULDA

Kostbares, Kurioses mit
Heimatliebe zwischen
Domplatz und Löherstraße

Die Stadt Fulda, die im 8. Jahrhundert als Klostergründung begann, entwickelte sich zu einem geistlichen Zentrum und war im Mittelalter ein wichtiges religiöses und politisches Zentrum des Heiligen Römischen Reiches.

Fulda ist besonders als Barockstadt bekannt, deren Herzstück der beeindruckende Dom St. Salvator ist. Diese Kathedrale, eine der schönsten Barockkirchen Deutschlands, ist das Wahrzeichen der Stadt. In unmittelbarer Nähe liegt das Stadtschloss, ein prächtiges Barockgebäude mit herrlichen Prunkräumen, das einst die Residenz der Fuldaer Fürstäbte war. Ein weiterer Höhepunkt ist die Michaelskirche, eine der ältesten Kirchen Deutschlands mit romanischen Elementen, die eine besondere Atmosphäre ausstrahlt.

Fulda bietet ein reichhaltiges Einkaufsangebot, das von kleinen Boutiquen in der Altstadt bis hin zu bekannten Filialisten reicht. Die Löherstraße und die Karlstraße sind zwei belebte Einkaufsstraßen, die Mode, Accessoires und Schmuck in allen Preisklassen bieten. Abseits des Mainstreams findet man in Fulda zahlreiche Feinkostläden und Handwerksgeschäfte, die regionale Spezialitäten und kreative Waren anbieten.

Fulda ist auch eine Stadt für Genießer. Hier kann man traditionelle hessische Küche entdecken, aber auch internationale Restaurants und Cafés. Besonders typisch sind regionale Spezialitäten wie der "Fuldaer Schwartenmagen" oder die "Ahle Wurscht", eine geräucherte Rohwurst. Ein absolutes Muss ist der Besuch eines der gemütlichen Cafés in der Altstadt, wo man hausgemachte Kuchen und lokale Kaffeespezialitäten probieren kann.

Für ein gehobenes kulinarisches Erlebnis bieten sich Restaurants wie das "Dachsbau" an, das für eine ausgezeichnete internationale Küche bekannt ist. Auch Weinliebhaber kommen in Fulda auf ihre Kosten: Zahlreiche Weinstuben und Vinotheken bieten erlesene Weine, oft auch aus der Region.

Fazit: Fulda bietet eine harmonische Mischung aus historischer Bedeutung, kulturellen Schätzen und modernem Stadtleben. Egal, ob man die barocken Bauwerke bestaunt, durch die malerische Altstadt schlendert, in kleinen Geschäften stöbert oder regionale Küche genießt – die Stadt hat für jeden Geschmack etwas zu bieten. Fulda ist ein oft unterschätztes Juwel, das Geschichte, Shopping und Genuss auf einzigartige Weise verbindet.

***

Die Stadt bietet eine große Anzahl von sehr interessanten Läden, die die Frage aufwerfen: Wo soll man am besten beginnen? Deshalb ist es sinnvoll, den Besuch der Stadt in zwei Einkaufs- und Erlebnistouren aufzuteilen.

Wir beginnen in Norden mit dem Rundgang **Bahnhof-Domplatz-Schlossgarten**. Auf unserem Weg begegnen uns interessante Geschäfte, einen echten "Genussgeheimtipp", kulturelle Highlights, grüne Stadtlandschaften und ein Labyrinth, das uns zum Schluss in die Irre führen will.

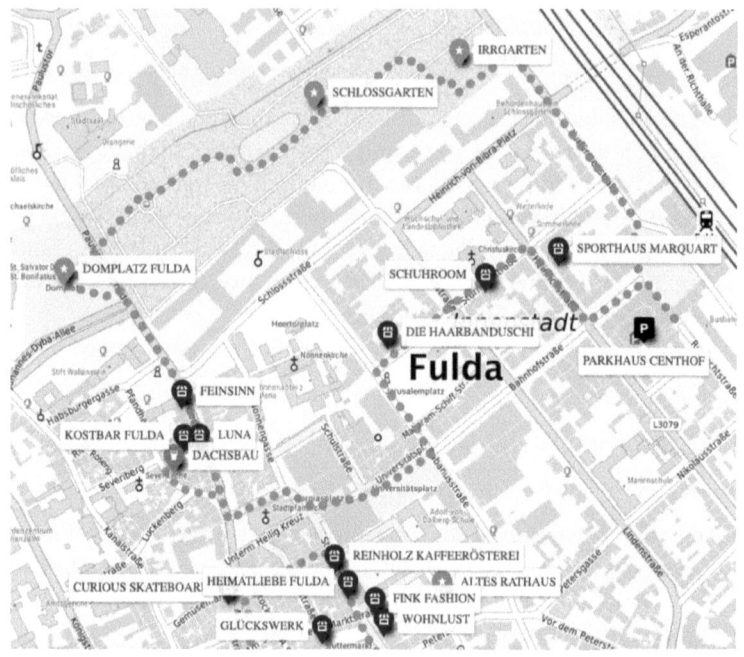

Fußläufiger Zeitbedarf (39')

Wir starten am *Parkhaus Centhof.* Für Nutzer Öffentlicher Verkehrsmittel ist der *Hauptbahnhof Fulda* in unmittelbarer Nähe.

Vom Parkhaus aus biegen wir links in die *Bahnhofstraße* ein, danach geht es gleich wieder rechts in die *Heinrichstraße* und so erreichen wir nach wenigen Metern das **Sporthaus Marquardt**.

Seit 1961 ist das Sporthaus Marquardt in Fulda die erste Adresse für hochwertige Sportartikel und -bekleidung. Zentral in der Barockstadt gelegen, bietet das erfahrene Team um Bernhard und Christoph Wehner erstklassige Beratung für alle Altersklassen. Mit ihrem Online-Shop ist ihr ausgewähltes Sortiment rund um die Uhr verfügbar. Qualität und Service stehen sowohl im Ladengeschäft als auch online an erster Stelle.

Danach biegen wir links in die *Sturmiusstraße* ein und sind am **Schuhroom Sneaker Store** angekommen.

Der Schuhroom setzt Trends und ist eine Top-Adresse für Sneaker, Boots und Streetstyle-Bekleidung in Osthessen. Der renommierte Sneakerstore bietet eine vielfältige Auswahl für Damen, Herren und Kinder. Hier finden Kunden die angesagtesten Sneaker-Modelle von Marken wie Nike, Jordan, adidas Originals, New Balance, Reebok Classic, Vans, Converse und Lacoste sowie coole Streetwear von Alpha Industries, adidas Originals und Converse. Der Schuhroom ist offline und online ein Highlight für trendbewusste Shopper.

Wir bleiben in der *Sturmiusstraße*. In der Hausnummer 2 treffen wir auf ein Geschäft mit einem etwas ausgefallenen wie auch amüsanten Namen. **DieHaarbanduschi** hat sich, wie der Name schon erahnen lässt, auf ein ganz besonderes Produkt spezialisiert.

Bei dieHaarbanduschi entstehen in Fulda einzigartige Haarbänder und Haarreifen, die mit Liebe zum Detail gefertigt werden. Fair und nachhaltig produziert, zaubern sie einem an jedem Tag ein Lächeln ins Gesicht. Die Gründerin, Marie Duschek, verwandelte ihre Leidenschaft fürs Nähen in ein Unternehmen, das flexible Arbeitsplätze schafft. Von zeitlosen Designs inspiriert, sind diese Accessoires nicht nur praktisch, sondern auch stilvolle Hingucker – schnell angelegt und immer im Trend. Perfekt für jeden Look und jeden Tag.

Wir gehen nun zunächst geradeaus und biegen links in die *Rabanusstraße* ein. Es beginnt eine kleine "Platzerlebnisreise". Wir erfreuen uns links am *Jerusalemplatz* und biegen rechts in den *Universitätsplatz* ein, der im Sommer durch in den Boden eingelassene Wasserfontänen eine kleine Erfrischung bietet. Wir gehen geradeaus, überqueren die *Schulstraße* und kommen zum *Borgiasplatz*. Wir betrachten kurz den Saint Sturm's Fountain, biegen rechts in den *Steinweg* ein und erreichen gleich links die *Pfandhausstraße*. Nach dieser etwas längeren Wegstrecke haben wir uns eine Rast verdient.

In der Hausnummer 10 erwartet uns ein internationaler Gaumenschmaus im **Dachsbau by Caliskan**.

Der Dachsbau ist ein wahrer Geheimtipp für Gourmets und Feinschmecker. Dieses Restaurant, versteckt in einem historischen Gebäude, vereint stilvolles Ambiente mit einer exzellenten Küche, die sowohl regionale Spezialitäten als auch moderne kulinarische Kreationen zelebriert. Der Dachsbau versteht sich als ein Ort, an dem Tradition und Innovation auf höchstem Niveau miteinander verschmelzen.

Schon beim Betreten des Dachsbau fällt die besondere Atmosphäre auf. Der gemütliche Charme des Restaurants entsteht durch die Kombination aus rustikalen Elementen – freiliegende Balken und Steinwände – und einer modernen, eleganten Einrichtung. Die dezente Beleuchtung und das stilvolle Interieur laden zu einem entspannten und gleichzeitig gehobenen Dinner-Erlebnis ein. Das Ambiente eignet sich sowohl für romantische Abende zu zweit als auch für besondere Anlässe oder Geschäftsessen.

Die Küche im Dachsbau zeichnet sich durch die Verwendung erstklassiger, frischer Zutaten aus, viele davon aus der Region Fulda. Das Menü ist eine kreative Hommage an die hessische Küche, verfeinert mit modernen, internationalen Einflüssen.

Besonders hervorzuheben sind die saisonalen Gerichte, die mit viel Liebe zum Detail und einem Auge für Ästhetik serviert werden.

Nach diesem Erlebnis der Sinne gehen wir ein Stück zurück und biegen links in die *Friedrichstraße* ein. Nach wenigen Schritten erreichen wir im "Haus zum halben Mond" das Damenmodegeschäft **LUNA**.

Unser Einkaufserlebnis wird hier neu definiert. Mit einem Auge für das Besondere und einer tiefen Verbundenheit zur Nachhaltigkeit wählt das Geschäft sorgfältig Produkte aus, die sowohl stilvoll als auch umweltbewusst sind. Es bietet Kollektionen, die fair und aus nachhaltigen Rohstoffen gefertigt sind, darunter die innovative Marke SAVE THE DUCK, die tierfreundliche, umweltgerechte Jacken mit Eco-Daunen produziert. Qualität und Verantwortung stehen hier an erster Stelle.

Im Hinterhof des Hauses finden wir ein ganz besonderes Angebot. Unsere Sinne werden auf eine besondere Art herausgefordert. Wir sind bei **Kostbar Fulda** - Gewürze, Geschenke, GenussFOLLes angekommen.

Die Kochschule "Kostbar" wurde 2008 aus Leidenschaft für Genuss und Kochen gegründet. Der Umzug in das "Haus zum halben Mond" 2013 ermöglichte die Kombination aus Kochschule und einem einzigartigen Genussladen. Das historische Gebäude mit seinem glasüberdachten Innenhof bietet Raum für Koch- und Grillevents, bei denen Kochbegeisterte und Genussliebhaber zusammenkommen.

Hochwertige Produkte und eine inspirierende Atmosphäre machen "Kostbar" zu einem besonderen Ort für kulinarische Erlebnisse und kulinarisches Wissen.

In der *Friedrichstraße* werden wir ein weiteres Mal fündig. Wir besuchen das Modegeschäft **FEINSINN**.

FEINSINN Fashion & Style bringt die Essenz italienischer Mode direkt nach Fulda. Mit exklusiven Kollektionen, die Weiblichkeit und Raffinesse verkörpern, bietet es stilbewussten Frauen ein unvergleichliches Shopping-Erlebnis. Ob zeitlose Klassiker oder trendige It-Pieces – hier finden wir alles, was das Modeherz begehrt. Die Boutique bietet nicht nur angesagte Styles, sondern auch maßgeschneiderte Beratung für jedes Event. Erleben Sie Eleganz und modernen Lifestyle in perfekter Harmonie. Lassen Sie sich inspirieren und entdecken Sie Mode, die im Gedächtnis bleibt.

Unsere Einkaufsziele enden hier - jetzt kommt der kulturelle Teil. Wir verlassen die *Friedrichstraße* und erreichen über die *Pauluspromenade* den **Domplatz**.

Der Domplatz ist geprägt vom monumentalen Fuldaer Dom, der als Wahrzeichen der Stadt gilt. Der Dom St. Salvator wurde im frühen 18. Jahrhundert im barocken Stil erbaut und beeindruckt durch seine prächtige Fassade, die beiden hohen Türme und die majestätische Kuppel. Der Platz vor dem Dom verleiht dem Bauwerk die gebührende Bühne und lässt den Betrachter die Größe und Schönheit dieses Meisterwerks der Barockarchitektur voll erfassen.

Domplatz in Fulda

Der Domplatz strahlt eine besondere Ruhe und Erhabenheit aus, die ihn zu einem Ort der Begegnung und Reflexion macht. Besucher und Einheimische kommen hierher, um die beeindruckende Architektur zu bewundern. Neben seiner architektonischen Pracht ist der Domplatz auch kulturell von großer Bedeutung. Er ist Schauplatz zahlreicher Veranstaltungen und Feste, die das ganze Jahr über Menschen aus Fulda und der Region anziehen. Besonders das Barockfest und das Weihnachtssingen im Freien sind Höhepunkte, die Besucher in großer Zahl anziehen. Auch die Domkonzerte finden hier statt und sorgen für musikalische Höhepunkte in einmaliger Kulisse.

Ganz nach Ihrem Zeitbudget und kulturellem Interesse wählen Sie einen Besuch im Dom mit dem Dommuseum aus oder Sie bevorzugen lieber die Entspannung in der Natur, dann wenden Sie sich sogleich dem **Schlossgarten** zu.

Schloss-garten

Der Schlossgarten in Fulda ist eine barocke Gartenanlage, die direkt hinter dem Stadtschloss liegt und zu den schönsten grünen Oasen der Stadt zählt.

Im Zentrum des Gartens thront die monumentale Floravase, eine beeindruckende Skulptur der römischen Göttin Flora, die symbolisch für die Natur und die Schönheit der Gartenanlage steht. Der Garten ist symmetrisch und geometrisch gestaltet, typisch für barocke Gartenkunst. Wege, Beete und Hecken formen klare Muster, die ein harmonisches Bild bieten.

Eines der Hauptbauwerke im Schlossgarten ist die imposante Orangerie, die heute als Veranstaltungsort dient.

Die Erneuerung des Schlossgartens in Fulda wurde im Jahr 2021 abgeschlossen. Die Sanierung und Restaurierung erfolgten im Rahmen eines umfassenden Projekts, das die barocke Gartenanlage wieder in ihren ursprünglichen Zustand versetzen sollte. Ziel der Maßnahmen war es, die historische Bedeutung des Schlossgartens hervorzuheben und ihn gleichzeitig für moderne Nutzungs-bedürfnisse zugänglicher zu machen. Die Neueröffnung fand nach umfangreichen Arbeiten im Frühjahr 2021 statt.

Wir schlendern durch den Park, halten uns bei den "4 Skulpturen" rechts und kommen über den Spielplatz zu einem angelegten Irrgarten, dem **Labyrinth**.

Labyrinth

Das Labyrinth besteht aus gepflegten Hecken und ist eingebettet in die grüne Landschaft des Schlossgartens. So können Kinder nicht nur Spaß haben, sondern auch die Natur auf spielerische Weise erleben. Kinder lieben es, den Weg durch das Labyrinth zu finden, da es ihnen die Möglichkeit gibt, sich wie kleine Entdecker zu fühlen. Die verschlungenen Pfade bieten Spannung und fördern die Orientierung. Das Labyrinth im Schlossgarten ist somit ein Ort, der Abenteuer, Spaß und Lernen vereint – ideal für einen Familienausflug!

Wir sind am Ende unserer Einstiegstour in Fulda angekommen. Über die *Kurfürstenstraße* gehen wir zurück und sehen Am *Bahnhof* den Centhof mit dessen Parkhaus, von dem wir gestartet sind.

***

Unsere 2. Tour in Fulda befasst sich mit den Angeboten im Süden der Altstadt zwischen **Steinstraße, Buttermarkt** und **Löherstraße.**

Wir parken im *Parkhaus Altstadt* in der *Brauhausstraße.* Oder Sie starten mit den Öffentlichen Verkehrsmitteln vom *ZOB Fulda* aus und nehmen die Linie 6 Richtung Bronzell und steigen nach 12 Minuten an der 4. Haltestelle (Brauhausstraße) aus und folgen nordwärts der *Brauhausstraße* und erreichen so unseren gemeinsamen Ausgangspunkt am *Parkhaus Altstadt.*

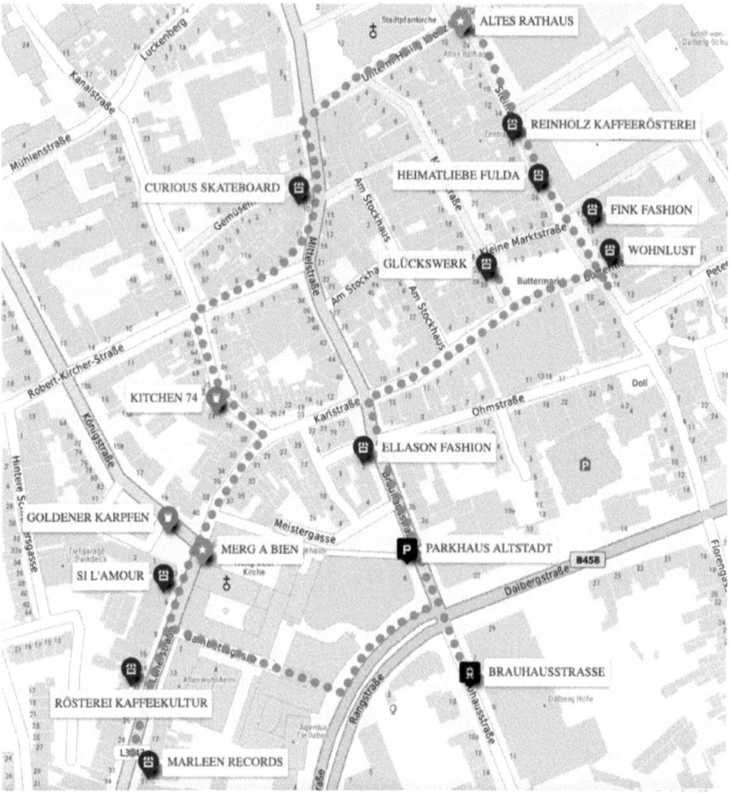

REINHOLZ KAFFEERÖSTEREI

HEIMATLIEBE FULDA

CURIOUS SKATEBOARD

FINK FASHION

WOHNLUST

GLÜCKSWERK

KITCHEN 74

ELLASON FASHION

GOLDENER KARPFEN

MERG A BIEN

PARKHAUS ALTSTADT

SI L'AMOUR

BRAUHAUSSTRASSE

RÖSTEREI KAFFEEKULTUR

MARLEEN RECORDS

Fußläufiger Zeitbedarf (18')

Vom *Parkhaus Altstadt* wenden wir uns in der *Brauhausstraße* in Richtung Norden und halten an der Hausnummer 2 bei **ELLASON** an.

Arthur Jahn brachte frischen Wind in Fulda, als er den ELLASON Fashion Store gründete – für Männer, die mehr wollen als nur Mode. Inspiriert vom einzigartigen Stil des Ladens und dem Know-how des Teams, wird hier Shopping zum Erlebnis. Jeden ersten Samstag im Monat verwandelt sich der Store in eine Partyzone mit

22

DJ und Specials. ELLASON ist der Ort für alle, die sich mit Stil und Marken identifizieren und Mode als Ausdruck ihrer Persönlichkeit sehen.

Wir ziehen weiter in die *Karlstraße* und dort in Richtung *Buttermarkt* und biegen links für einen Abstecher in die *Marktstraße* ein. Ein echtes **Glückswerk** empfängt uns.

Das könnte Ihr Lieblingsladen in Fulda werden. Ein Ort voller Freude und Inspiration. Hier entdeckt man einzigartige Dekorationen, exklusive Geschenkideen, handgefertigtes Kunsthandwerk und kulinarische Köstlichkeiten aus regionalen Manufakturen. Direkt am *Buttermarkt* gelegen, lädt der charmante Laden zum Stöbern ein. Persönliche Beratung und ein herzliches Lächeln machen jeden Besuch zu einem besonderen Erlebnis. Ein Geheimtipp für alle, die das Besondere suchen.

Wir überqueren den *Buttermarkt* und entdecken den Conceptstore **Wohnlust**, der es in sich hat, nicht nur was das Thema Wohnen angeht.

Till und Theresa sind die kreativen Köpfe hinter einem einzigartigen Ladenkonzept, das sich ganz dem Interior-Design verschrieben hat. Ihr Stil? Alles, was ein Zuhause in einen Wohlfühlort verwandelt. Die Inspiration für Ihre sorgfältig ausgewählten Möbel und Wohnaccessoires finden sie in Holland und Skandinavien. Mit Liebe zum Detail bieten sie ein Sortiment aus Möbeln, Lampen, Textilien und Accessoires an, das harmonisch kombinierbar ist und nachhaltig Freude bereitet. Ihr Concept Store in Fulda am Buttermarkt lädt dazu ein, gemütliche Wohnträume zu entdecken.

Wir gehen ein paar Schritte weiter und stehen vor einem weiteren interessanten Modekonzept, dem **Fink Fashion** am Buttermarkt.

Hier findet man nicht nur Mode, sondern ein sorgfältig kuratiertes Sortiment aus hochwertigen Marken wie zum Beispiel Mos Mosh, Bugatti und Scotch & Soda. Jede Kollektion steht für zeitlosen Stil und exzellente Qualität. Kunden erleben Shopping als Genussmoment, begleitet von Cappuccino oder Prosecco, und profitieren von einem unschlagbaren Preis-Leistungsverhältnis. Hier wird Mode zum Erlebnis.

Wir verlassen den *Buttermarkt* und begeben uns in den *Steinweg* zur **HeimatLIEBE**.

Im Mai 2021 eröffnete die Heimatliebe Fulda im Steinweg. Das Geschäft, eine Kooperation zwischen dem Verlag Parzeller und der Region Fulda, kombiniert die Produkte der Fuldaer Zeitung mit dem Konzept des erfolgreichen regiomarkts, der 2019 viele Besucher anzog. Die Heimatliebe bietet Händlern, Landwirten und Kleinunternehmern aus der Region eine Plattform zum Verkauf ihrer Produkte. Zusätzlich können hier Tickets gekauft und Anzeigen aufgegeben werden.

Nach wenigen Schritten auf der linken Seite des *Stein*wegs steigt uns der aromatische Duft des Kaffeerösters **Reinholz** schon in die Nase.

Im Reinholz Kaffeeladen wird Kaffee zu einem Erlebnis für die Sinne. Hier wird der Kaffee noch traditionell und schonend geröstet – ein Prozess, den Besucher hautnah miterleben können. Die sorgfältige Zubereitung verleiht den Bohnen ein intensives Aroma, das jeden Genussmoment unvergesslich macht. In gemütlicher Atmosphäre bietet das Team kompetente Beratung, um den perfekten Kaffee für jeden Geschmack zu finden. Ein Besuch bei Reinholz bedeutet, sich verwöhnen zu lassen und in die faszinierende Welt des Kaffees einzutauchen.

Wenn wir schon im *Stein*weg sind, dann führt kein Weg am **Alten Rathaus** vorbei. Diese historische Sehenswürdigkeit lädt ein zum Verweilen.

Das Gebäude beeindruckt mit seiner gotischen Architektur und markanten Fassade, die das mittelalterliche Stadtbild von Fulda prägt. Besonders der imposante Rathausturm und die kunstvoll gestalteten Fenster und Verzierungen sind sehenswert.

Das Rathaus wird heute für verschiedene kulturelle Veranstaltungen genutzt, von Ausstellungen bis hin zu festlichen Empfängen. Es ist ein lebendiger Ort, der Tradition und modernes Stadtleben vereint.

Wir gehen an der Seitenfront der Stadtpfarrkirche St. Blasius, in der Straße *Unterm Heilig Kreuz*, entlang und biegen links in die *Mittelstraße* ein. An der Ecke zur *Robert-Kircher-Straße* entdecken wir den Skateshop **CURIOUS** Skateboards & Streetwear.

CURIOUS ist die erste Adresse für alle, die den Skater-Lifestyle leben. Hier findet man eine sorgfältige Auswahl an erstklassigen Skateschuhen von Nike SB, Adidas und Vans, trendiger Streetwear von Burton bis Thrasher und unverzichtbares Zubehör. Das Sortiment bietet alles, um das eigene Skater-Outfit perfekt zu machen – von coolen Socken bis zum stylischen Skate-Rucksack. CURIOUS ist mehr als ein Shop, es ist ein Statement. Wer bereit ist, seinen Style auf das nächste Level zu bringen, wird hier fündig.

Vielleicht haben Sie sich ja schon in der Kaffeerösterei zu einem "Aufmunterer" verführen lassen, aber sicher ist noch Platz für einen größeren Happen und Zeit für eine Pause im Restaurant **Kitchen74** in der *Kanalstraße 74*.

Kitchen74 ist unter Gourmets als modernes und innovatives Restaurant bekannt, das eine kreative, international inspirierte Küche anbietet. Obwohl die Küche international ausgerichtet ist, legt das Restaurant großen Wert auf die Verwendung von regionalen und saisonalen Produkten. Diese Kombination aus Frische und Vielfalt wird von Gourmets sehr geschätzt. Neben den kreativen Speisen bietet Kitchen74 eine exzellente Auswahl an Weinen und handgemachten Cocktails. Die Getränkekarte ergänzt das kulinarische Angebot perfekt.

Zusammenfassend loben Gourmets Kitchen74 für seine kulinarische Kreativität, die hohe Qualität der Zutaten und das moderne, einladende Ambiente – ein idealer Ort für anspruchsvolle Genießer.

Nun richten sich unsere Schritte in Richtung einer kleinen Einkaufsstraße, die durch ihre Aktionen und Veranstaltungen bereits mehrmals Landessieger beim Wettbewerb "Ab in die Mitte Hessen" des Hessischen Wirtschaftministeriums geworden ist: die *Löherstraße*. Dazu gehen wir zurück in die *Karlstraße* und treffen südwärts an der Ecke *Königsstraße* auf die *Löherstraße*.

Wer eine Alternative zu Kitchen74 sucht und es etwas feiner möchte, der kann an dieser Straßenecke, die eine kleinen Platz bildet, am *Simpliziusbrunnen 1,* eine andere echte Gaumenfreude genießen, das Restaurant **Goldener Karpfen**.

Das Restaurant im gleichnamigen Hotel ist bei Gourmets sehr beliebt und wird als eines der besten kulinarischen Ziele in der Region geschätzt.

Die Philosophie des Goldenen Karpfen basiert auf einer Verbindung von Tradition und Moderne. Seit seiner Gründung im Jahr 1904 steht das Haus für herzliche Gastfreundschaft und höchste Ansprüche in Küche und Service. Das Restaurant legt großen Wert auf die Verwendung regionaler und saisonaler Zutaten. Die Speisen werden sorgfältig und kreativ zubereitet, sodass traditionelle Gerichte neu interpretiert werden, ohne ihre Wurzeln zu verlieren.

Der Goldene Karpfen befindet sich in einem historischen Gebäude, das schon seit über einem Jahrhundert als Gaststätte dient. Das edle Interieur mit kunstvollen Wandgemälden, wertvollen Antiquitäten und elegantem Mobiliar bietet eine exklusive und zugleich gemütliche Atmosphäre. Der Mix aus

Historie und stilvollem Luxus verleiht dem Restaurant eine unverwechselbare Note.

Der Anspruch des Restaurants ist es, jedem Gast ein besonderes kulinarisches Erlebnis zu bieten, das die Werte der traditionellen hessischen Küche mit modernen, internationalen Einflüssen kombiniert. Diese Kombination schafft ein gastronomisches Erlebnis, das sowohl klassische Genießer als auch experimentierfreudige Feinschmecker begeistert.

Aber nun hinein in die *Löherstraße*. Bevor wir das erste Ladengeschäft besuchen, halten wir noch kurz an der Statue vom **Merga Bien** an.

Merga Bien ist eine der bekanntesten historischen Persönlichkeiten in Fulda, und ihre Geschichte ist eng mit der Hexenverfolgung im 17. Jahrhundert verbunden.

Das Denkmal erinnert an das tragische Schicksal von Merga Bien und steht symbolisch für die vielen Opfer der Hexenverfolgung in Fulda. Es ist ein Mahnmal gegen die Ungerechtigkeit und die Grausamkeit dieser Zeit und soll zugleich als Erinnerung an die Bedeutung von Toleranz und Rechtsstaatlichkeit in der heutigen Gesellschaft dienen.

Merga Biens Geschichte ist nicht nur ein Teil der lokalen Geschichte Fuldas, sondern auch ein Zeichen für die Gefahren von Aberglaube, Intoleranz und Machtmissbrauch.

Denkmal Merga Bien in der Löherstraße von Fulda

Das Denkmal trägt dazu bei, das Bewusstsein für diese tragischen Ereignisse wachzuhalten und die Bedeutung von Gerechtigkeit und Menschlichkeit in Erinnerung zu rufen.

Auf der gegenüberliegenden Straßenseite wenden wir uns erfreulicheren Momenten zu.

SI L'AMOUR, das Braut- und Abendmodegeschäft in der Löherstraße 6, bietet eine breite Auswahl an Braut- und Abendkleidern. Betrieben von Sirin Umur, besticht das Geschäft durch A-Linien- und glamouröse Prinzessinnen-Brautkleider sowie farbenfrohe Ballkleider. Auch Abend- und Blumenmädchenkleider sind erhältlich. Persönliche und fachkompetente Beratung steht im Mittelpunkt, wobei Vertrauen und Offenheit großgeschrieben werden. Stil und Qualität sind stets gewährleistet.

Jetzt wandern wir die *Löherstraße* weiter, lassen die Rösterei noch links liegen und besuchen etwas fast Nostalgisches, einen Schallplattenladen, das **Marleen Records**.

Seit 1985 ist dieser unabhängige Plattenladen ein fester Bestandteil der deutschen Musikszene. Auf 200 Quadratmetern und zwei Etagen bietet er eine breite Auswahl an neuen und gebrauchten Vinyls, CDs und DVDs. Das Sortiment umfasst diverse Musikrichtungen von Rock, Jazz, Hip-Hop, Psychedelic, Progressive, Metal, Punk bis hin zu Avantgarde und World Music. Der Laden legt besonderen Wert auf nicht-kommerzielle Musik und lädt zum Stöbern, Hören und Genießen ein. Eine italienische Saeco-Espressomaschine steht für entspannte Hörpausen bereit.

Zum Abschluss habe ich noch einen Ort ausgesucht, wo man das Erlebte noch einmal im Geiste Revue passieren lassen kann. Das geht am besten mit einem Kaffee vom Feinsten in der **Rösterei Kaffeekultur**.

Christiane Meurer und Wolfgang Klose betreiben seit 2005 die erste Kaffeerösterei in Fulda. Mit einer Familientradition aus Hamburg und dem erlernten Handwerk bei Experten wie Pauli Michels legen sie besonderen Wert auf Qualität und schonende Röstung. Im Kaffeehaus "kaffeekultur" in der Löherstraße 22 können Kunden alle Sorten verkosten und das Rösten live erleben. Ihre Kaffees werden bei maximal 200 Grad bis zu 20 Minuten geröstet, was einen deutlichen Geschmacksunterschied ausmacht. Hochwertige Arabicabohnen und edle Robustaanteile sorgen für einzigartige Mischungen.

***

Beim Ranking der beliebtesten Städte in Hessen nimmt Fulda meist nur einen 4. bis 6. Platz ein. Unsere beiden Erlebnis- und Genusstouren haben jedoch belegen können, dass die Barock- und Domstadt mehr als nur eine Reise wert ist. Wahre Entdecker von Kultur und Genuss können in außergewöhnlichen Geschäften und Restaurants ihr Herz an die Stadt verlieren. Da braucht man nicht närrisch zu sein um zu rufen: "Föllsch Foll – Hinein!" Das heißt in etwa: "Fulda, voll hinein!"

GIESSEN

In der Justus-Liebig-Stadt
auf den Geschmack nach
mehr kommen

Gießen ist eine Universitätsstadt in Mittelhessen, die für ihre akademische Tradition und lebendige Kulturszene bekannt ist. Obwohl sie nicht zu den größten Städten Deutschlands gehört, hat Gießen eine interessante Mischung aus Geschichte, Wissenschaft und modernem Stadtleben zu bieten.

Gießen spielt eine wichtige Rolle als Bildungs- und Wissenschaftszentrum. Die Justus-Liebig-Universität, gegründet im Jahr 1607, prägt die Stadt stark und hat einen hervorragenden Ruf, besonders in den Naturwissenschaften. Der berühmte Chemiker Justus von Liebig, nach dem die Universität benannt ist, war hier Professor und machte Gießen zu einem bedeutenden Ort der Forschung.

Gießen beherbergt auch mit dem Botanischen Garten den ältesten Universitätsgarten Deutschlands, der bereits 1609 gegründet wurde. Hier kann man eine Vielzahl von Pflanzenarten aus aller Welt entdecken und entspannte Spaziergänge unternehmen.

Gießen hat eine lebendige Innenstadt mit vielen Einkaufsmöglichkeiten. Der Seltersweg ist die zentrale und bekannteste Einkaufsstraße Gießens. Diese Fußgängerzone zieht sich durch die Innenstadt und bietet eine breite Auswahl an Geschäften – von großen Modeketten bis hin zu kleinen Boutiquen.

Rund um den Marktplatz befindet sich ein charmantes Einkaufsviertel mit kleineren Geschäften und Fachhändlern. Hier kann man auch den Wochenmarkt besuchen, der regelmäßig frische regionale Produkte und Spezialitäten anbietet. Anders als auf den größeren Einkaufsstraßen wie dem Seltersweg findet man in der Plockstraße kleinere, individuelle Läden und Boutiquen, die besondere Produkte anbieten.

Für Genießer gibt es in Gießen zahlreiche Cafés und Restaurants, die von regionaler bis internationaler Küche alles bieten. Die Stadt hat auch viele Bäckereien und Konditoreien, die regionale Spezialitäten wie den Frankfurter Kranz oder hessisches Gebäck anbieten.

Insgesamt ist Gießen eine interessante Stadt mit einer angenehmen Mischung aus Wissenschaft, Kultur, Shopping und Genuss. Die lebendige Atmosphäre und die studentische Energie machen die Stadt zu einem charmanten Ziel für jeden, der eine facettenreiche Stadt erleben möchte.

***

Mit dem Pkw angereist, parken wir im *Parkhaus Rathaus*. Nutzer der öffentlichen Verkehrsmittel nehmen am *Hauptbahnhof* die Buslinie 371 Richtung Staufenberg-Daubringen und erreichen nach 2 Stationen und nach 7 Minuten die Ausstiegs-Haltestelle Behördenzentrum.

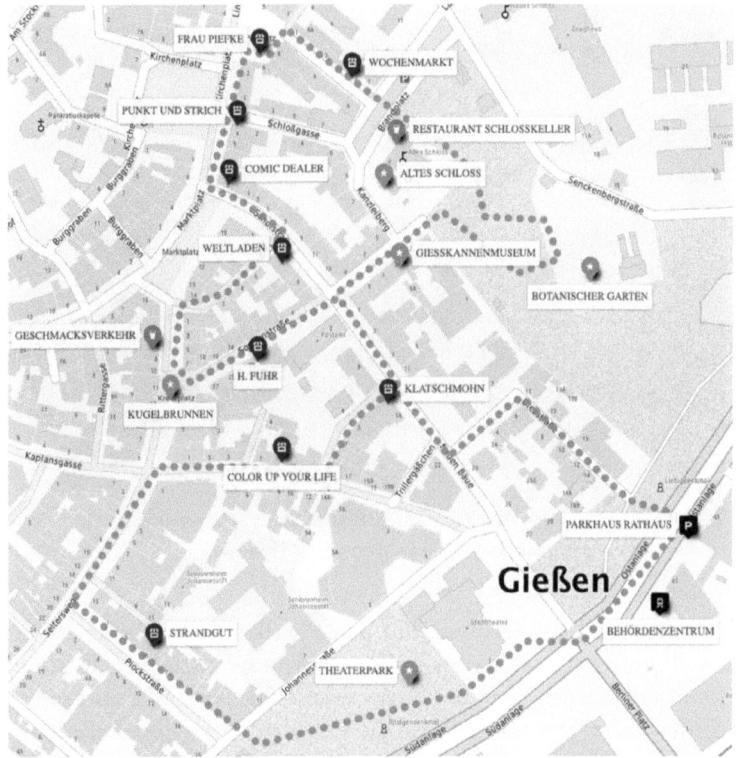

Fußläufiger Zeitbedarf (36')

Wir starten unsere Tour vom Parkhaus kommend am Stadttheater Gießen und genießen zunächst den **Theaterpark**.

33

Theater-park	

Der Theaterpark bietet Kunstinteressierten etwas Besonderes: Über den Park verteilt findet man verschiedene Skulpturen und Kunstinstallationen, die das kulturelle Ambiente des Parks unterstreichen und interessante Fotomotive darstellen.

Denkmal zur Erinnerung an Wilhelm Conrad Röntgen im Theaterpark

Beispiele sind das Denkmal für den Physiker C. W. Röntgen oder die "Drei Gießener Köpfe". Wir werden auf dem Weg Richtung Plockstraße noch weitere Kunstwerke entdecken. Wir überqueren die *Johannesstraße* und biegen in die *Plockstraße* ein. Diese Fußgängerzone mit ihrem schönen Baumbestand bietet uns weiter Schatten an und so steuern wir entspannt auf der rechten Seite unsere erste händlerische Station an, das Geschäft **Strandgut**.

Die Liebe zum Strand, der See und das dazugehörige Lebensgefühl treibt die Besitzer an. Aus dieser Liebe heraus haben sie zwei wundervolle Läden geschaffen: Ebbe&Flut und Wattwurm. In ihrem stationären Geschäft Ebbe&Flut finden Küstenmädchen und Seemänner ausgewählte Marken, während im Kinderladen Wattwurm besondere Brands für die Kleinen angeboten werden. Sie stehen für außergewöhnliche, schöne und nachhaltige Bekleidung und Accessoires, präsentiert in einem besonderen, maritimen Ambiente.

Wir gehen in der *Plockstraße* etwas weiter und biegen bei den "3 Schwätzern", einem Figurenensemble, das für das gesellschaftliche Miteinander stehen soll, rechts in die *Seltersstraße* ein. Auf der Höhe der *Kaplansgasse* biegen wir rechts in den *Neuenweg* ab. Auf der linken Seite finden wir den Laden **Colorupyourlife**.

Das Geschäft bringt mit farbenfrohen Produkten Freude in den Alltag. Hier schmeckt Essen auf hübschen Tellern besser und aus schönen Bechern trinkt man lieber. In liebevoll dekorierten Räumen und mit stilvollen Accessoires fühlt man sich wohler. Seit Juni 2019 erfüllt der Laden mit einer Vielzahl von farbenfrohen Artikeln und individuellen Geschenken den Traum von mehr Farbe im Leben. Besonders geschätzt wird das Personalisieren von Geschirr und das Zusammenstellen von Etageren für einzigartige Präsente.

Wir bleiben noch kurz im *Neuenweg* und biegen gleich links in die *Weidengasse* ein. An der Straßenecke zur *Neuen Bäue* rechts erwartet uns unsere nächste Station, der Bioladen **Klatschmohn**.

Die Klatschmohn Naturkost GmbH steht seit den 80er Jahren für nachhaltige Landwirtschaft und artgerechte Tierhaltung. Mit ihrer Mission, gegen die Massifizierung des Lebensmittelmarktes anzutreten, verbindet sie Tradition mit moderner Vermarktung von Naturkost. Durch die enge Zusammenarbeit mit langjährigen Partnerbetrieben sichert sie höchste Öko-Qualität, die weit über gesetzliche Standards hinausgeht. Im Klatschmohn Naturkostmarkt erleben Kunden Naturkost auf höchstem Niveau.

Wir gehen nun in der *Neuen Bäue* weiter nordwärts bis zur *Sonnenstraße* und biegen hier links ein. Bald stehen wir auf der linken Seite vor einer Gießener Legende in Sachen Spiel & Freizeit, dem Traditionshaus **J. H. Fuhr.**

Seit 1830 begeistert J.H. Fuhr Generationen in Mittelhessen und darüber hinaus mit Spiel, Freizeit und Hobby. Als ältestes Fachgeschäft seiner Art verbindet das Familienunternehmen Tradition mit Innovation und schafft es, große und kleine Kunden gleichermaßen zu begeistern. Unter der Leitung von Sigrid Fuhr, in der fünften Generation, steht das Team mit 30 Mitarbeitenden und einem vielfältigen Sortiment für Kompetenz, Kundennähe und Herzblut – sei es im Laden, online oder durch besondere Events wie Spieleabende und Firmenservices.

Wir gehen der *Sonnenstraße* weiter entlang und stoßen auf dem *Kreuzplatz* auf den **Kugelbrunnen.**

Kugel-brunnen

Der Kugelbrunnen am Kreuzplatz, gestaltet von Ruth Leibnitz, prägt seit 1977 die Straßengabelung zur Mäusburg und Sonnenstraße. Sieben Hohlkugeln, aus denen Wasser sprudelt, bilden das zentrale Element, wobei drei Kugeln eine größere tragen. Der Brunnen wurde im Zuge der Fußgängerzone angelegt und 2008 mit einer neuen Einfassung versehen. Er dient heute nicht nur als Kunstwerk, sondern auch als Spielplatz für Kinder und wird zu besonderen Anlässen geschmückt.

Jetzt biegen wir in die Straße *Mäusburg* ein und gönnen uns in der Hausnummer 8 eine ausgesprochene Gaumenfreude, das Restaurant **Geschmacksverkehr.**

Genussvolles Essen ist ein unverzichtbarer Teil des Lebens, ähnlich wie die Luft zum Atmen. Es heißt nicht umsonst, dass Liebe durch den Magen geht – und genau mit diesem Anspruch kennt man sich hier bestens aus. Dimitri Skartsanis, der in der dritten Generation in Gießen lebt, hat seine Wurzeln in Griechenland. Seine Großeltern kamen 1967 nach Deutschland. Mit dem Restaurant "Geschmacksverkehr" am Kugelbrunnen hat er seine Leidenschaft verwirklicht und die Gießener nicht nur mit kulinarischen Köstlichkeiten, sondern auch mit einem einladenden und stilvollen Interieur begeistert.

Wir bleiben in der *Mäusburg* bis wir auf Höhe des *Marktplatzes* rechts in die *Waagengasse* einbiegen. Am Ende der Gasse treffen wir auf die *Schulstraße*. Gleich rechts befindet sich der **Weltladen Gießen**.

Seit 1979 setzt sich der Verein Solidarische Welt e.V. für globale Gerechtigkeit ein. Als Träger des Weltladens und durch Bildungs- sowie Kampagnenarbeit fördert er die Entwicklungszusammenar- beit und Völkerverständigung. Mit einem Fokus auf Bildung für nachhaltige Entwicklung und nachhaltiges Leben bleibt der Verein stets am Puls der Zeit. Finanziert durch Spenden, Beiträge und För- dermittel wie Brot für die Welt, trägt er aktiv zu einer gerechteren Welt bei.

Wir folgen der *Schulstraße* in Richtung *Marktplatz*. Am Marktplatz 8 entdecken wir einen "Dealer" der ganz besonderen Art - den **Co- mic-Dealer**.

Seit über 30 Jahren bietet dieser Laden Comic-Neuheiten aus Deutschland und den USA an. Sammler und Gelegenheitsleser fin- den ein großes Antiquariat mit gebrauchten Comics. Das Geschäft bietet ein umfangreiches Angebot an neuen und älteren Comics & Magazinen in deutscher und englischer Sprache. Der 58-jährige Dirk Hörnle, passionierter Film- und Comic-Liebhaber, eröffnete in den 1990er Jahren den ersten Comic-Laden in Gießen und pro- fitierte besonders während der Corona-Krise von der steigenden Nachfrage.

Vom *Marktplatz* kommend, biegen wir nun rechts in die Straße *Kir- chenplatz* ein. An der Ecke zur *Schlossgasse* befindet sich das Geschäft **Punkt und Strich**.

Seit 1994 steht "Punkt und Strich" für besondere Atmosphäre und wertschätzenden Umgang. Arno Jung, der Inhaber, sorgt für eine gelungene Kombination aus traditionellem Laden und modernem Online-Verkauf. Vom historischen Standort am Kirchenplatz aus bieten sie ein sorgfältig ausgewähltes Sortiment an Schreibgeräten. Ihre Philosophie? "Wir sind perfekt im Unperfekten." Das Engagement gilt allen – Lieferanten, Kunden und Mitarbeitern – und sorgt täglich für gute Lösungen und eine angenehme Zeit für alle Beteiligten.

Ein Stückchen weiter nähern wir uns einem weiteren Gießener Traditionsgeschäft, dem **Frau Piefke** Modehaus.

Philipp Bernard und sein Team führen das Modehaus am Kirchenplatz mit unverwechselbarem Stil. Der Name ist inspiriert von der legendären Mopsdame Frau Piefke der früheren Ladenbesitzerin. Das Geschäft steht für hochwertige, unkonventionelle Mode mit einem besonderen Fokus auf Nachhaltigkeit. Bernard ist detailverliebt und hinterfragt alles, um seinen Kundinnen einzigartige Kleidung zu bieten, die den individuellen Stil unterstreicht. Als echter Ästhet verkörpert er den Anspruch an Eleganz – Jogginghosen bleiben für ihn tabu.

Wir trennen uns von Frau Piefke und am *Lindenplatz* sehen wir vielleicht schon die ersten Marktstände des **Wochenmarktes**, der sich bis in die *Marktlaubenstraße* erstreckt. Die Marktlauben geben dem Wochenmarkt ein eigenes Flair.

Auf dem beliebten Gießener Wochenmarkt bieten rund 70 Händler und Selbsterzeuger mittwochs und samstags von 7 bis 14 Uhr hochwertige und frische Produkte an. Die breite Produktpalette umfasst Blumen, Brot, Eier, Geflügel, Fleisch, Wurst, Milchprodukte, Obst, Gemüse, Nüsse, Kräuter, Tee, Honig, mediterrane Spezialitäten und ökologische Erzeugnisse. Die Vielfalt, persönliche Beratung und die einladende Atmosphäre ziehen zahlreiche Kunden an. Mit einer Fläche von 4.800 qm und 650 Metern Verkaufstheken bleibt der Markt ein gesellschaftliches Ereignis, wo man Freunde, Nachbarn und Kollegen trifft.

Das Marktgeschehen wirkt wie aus einem Bilderbuch. Bunte Sommerblumen, frisches Gemüse, Handkäse und Bauernbrot werden heute noch genauso präsentiert wie vor 130 Jahren, als die Marktlauben entstanden. Die Marktlaubenloggia, die auf einer Seite offen ist und über ein Gewölbe sowie einen Arkadengang verfügt, wurde 1894 im Stil der Renaissance und Romantik erbaut. Der Grund dafür war, dass die bisherigen Marktplätze den wachsenden Anforderungen nicht mehr gerecht wurden.

Falls uns der Besuch des Wochenmarktes hungrig gemacht hat, gehen wir in der *Marktlauben*straße gerade aus und kehren in eines der beliebtesten Restaurants in Gießen ein, dem **Schlosskeller** am *Brandplatz*.

Das Restaurant verspricht uns badische Gerichte und hessische Geschichte zugleich. Das eine auf der Speisekarte, das andere durch die Unterbringung im Kellergewölbe des Alten Schlosses, auch

Landgräfliche Burg genannt. Frisches kommt oft direkt vom Wochenmarkt und so manches Gericht überrascht auf den ersten Blick, bevor der Genuss sich prompt einstellt.

Wer sich nicht kulinarisch, sondern lieber kulturell verwöhnen will, der kann im **Alten Schloss**, bei kostenlosem Eintritt, die eine oder andere Ausstellung bewundern.

Das Alte Schloss ist ein beeindruckendes historisches Gebäude und ein kultureller Anziehungspunkt der Stadt. Es wurde im 14. Jahrhundert erbaut und dient heute als Sitz des Oberhessischen Museums, das eine umfangreiche Sammlung zur Geschichte, Kunst und Kultur der Region bietet. Zudem bietet das Museum regelmäßig Sonderausstellungen zu verschiedenen Themen, von regionaler Geschichte bis hin zu zeitgenössischer Kunst. Der Innenhof des Alten Schlosses ist ein idyllischer und ruhiger Ort, an dem man nach dem Museumsbesuch entspannen kann. Besonders im Sommer lädt der Hof dazu ein, die Atmosphäre des historischen Gebäudes zu genießen.

Jetzt lassen wir unsere Tour durch einen Spaziergang durch den **Botanischen Garten** langsam ausklingen, der direkt an das Alte Schloss anschließt.

Der an die Justus-Liebig-Universität angegliederte Garten ist der älteste Botanische Garten nördlich der Alpen und besteht seit der Entstehung um 1609 immer am selben Ort. Bis zu 7.500 Pflanzen sind dort zu entdecken. Ein besonderer Anblick sind die verschiedenen Gewächshäuser, darunter das Palmenhaus, das kälteempfindlichen Pflanzen als Winterquartier dient. Auch das Warmhaus

Ernst-Küster beherbergt Kakteen und Palmen. Im Victoria-Haus können wir uns im großen Wasserbecken an den Seerosen erfreuen.

Wir verlassen den Garten über den Eingang *Sonnenstraße* und gönnen uns noch den Spaß eines Besuchs des **Gießkannenmuseums**.

Das Gießkannenmuseum zeigt die Vielfalt eines alltäglichen Objekts, das weit über seinen praktischen Nutzen hinausgeht. Von antiken Schätzen bis hin zu abgenutzten Kinderkannen – hier wird die Geschichte der Gießkanne lebendig erzählt. Mit jedem Stück enthüllt das Museum persönliche Erinnerungen, historische Hintergründe und kuriose Details. Als kultureller Treffpunkt lädt das GiKaMu zu inspirierenden Begegnungen und Entdeckungen ein, die den Blick auf die materielle Alltagskultur erweitern.

Wir gehen die *Sonnenstraße* in Richtung *Neuen Bäue* zurück und biegen davon links in die etwas ruhiger gelegene *Diezstraße* ein. Am Ende dieser Straße gelangen wir wieder an unseren Ausgangspunkt, die *Tiefgarage Rathaus*.

∗∗∗

Die Vielfalt der Angebote, die unsere Einkaufs- und Erlebnistour durch Gießen enorm kurzweilig empfinden ließen, hat Sie sicher überrascht. Vielleicht hat Sie dies ja auf den Geschmack gebracht und Sie nehmen sich ein Wiederkommen in die Justus-Liebig-Stadt vor. Dann ist bestimmt auch Zeit für einen Besuch im Liebig-Museum, das nicht auf unserer Tour lag. Es lohnt sich, denn der berühmte Chemiker und Erfinder Justus von Liebig hat nicht nur zur Entwicklung der Instantsuppe beigetragen, er erfand auch das Backpulver oder die Sicherheitszündhölzer.

Gießen ist auch für seine Street- oder Muralart-Festivals bekannt. Hier ein Beispiel kreiert im September 2010 von 3Steps:

MuralArt by 3Steps

LAUTERBACH

Wo Strolche und Socken
zum Verweilen locken

Lauterbach in Mittelhessen ist ein charmantes Städtchen mit einer reichen Kultur und einigen interessanten Einkaufsmöglichkeiten, die es zu einem attraktiven Ziel für einen Tagesausflug machen. Die Altstadt von Lauterbach ist bekannt für ihre wunderschöne Fachwerkarchitektur. Besonders am Marktplatz und in den angrenzenden Gassen stehen gut erhaltene Fachwerkhäuser, die teilweise mehrere hundert Jahre alt sind. Sie vermitteln eine urige Atmosphäre und bieten zahlreiche Fotomotive.

Der Lauterbacher Strolch ist eine beliebte Symbolfigur der Stadt, die auf einem Spottlied basiert und bis heute in Lauterbach präsent ist. Eine Bronzestatue des Lauterbacher Strolchs befindet sich am Eingang der Altstadt und ist ein beliebtes Fotomotiv. Auch beim jährlichen Prämienmarkt, einem traditionellen Volksfest in Lauterbach, spielt die Figur des Strolchs eine wichtige Rolle. Als Wahrzeichen der Stadt gibt es den Lauterbacher Strolch in verschiedenen Souvenirformen. Ob als Figur, Tasse oder Stofftier – diese Souvenirs sind eine schöne Erinnerung an den Besuch und ein Symbol der Stadtgeschichte.

Lauterbach verbindet kulturelle Traditionen, wie die Figur des Lauterbacher Strolchs und die historische Fachwerkarchitektur, mit einem entspannten Einkaufserlebnis. Die Altstadt lädt zum Bummeln und Entdecken ein, während lokale Spezialitäten und handgefertigte Produkte besondere Souvenirs bieten. Ein Besuch in Lauterbach ist eine wunderbare Gelegenheit, die kulturellen Highlights und den regionalen Charme dieser hessischen Kleinstadt kennenzulernen.

***

Mit dem Pkw anreisend orientieren wir uns zunächst an den *Stadtmitte-Hinweisen* und parken dann in der *Kanalstraße*. Nutzer der öffentlichen Verkehrsmittel nehmen den Zug nach Lauterbach bis

Lauterbach Nordbahnhof und steigen dort um in die Buslinie VB-20 und verlassen diesen an der Haltestelle Eisenbacher Tor.

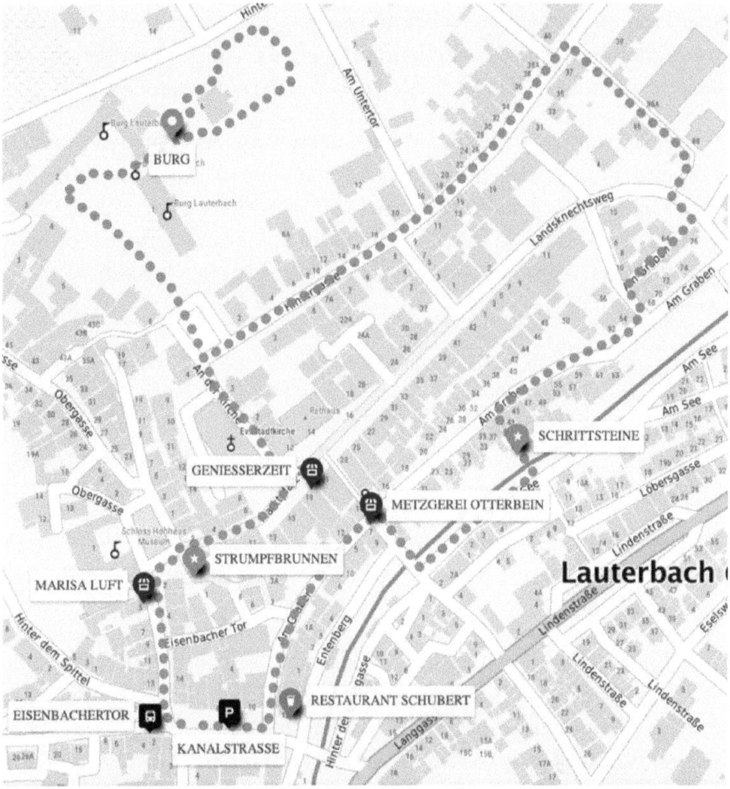

Fußläufiger Zeitbedarf (20')

Hier beginnt auch unsere Tour durch Lauterbach. Wir orientieren uns in Richtung Zentrum und nutzen dazu die Straße *Eisenbacher Tor*. Auf der linken Straßenseite erwartet uns im ehemaligen Traditions-Café Stöhr die neue Inhaberin **Marisa Luft** - Patisserie und Torten.

Wir treten ein in ein charmantes Café mit einzigartigem Ambiente, das köstliche Speisen und hervorragenden Kaffee bietet. Die Auswahl an herzhaften und süßen Gerichten, besonders die handgemachten Törtchen, sind echte Highlights. In einem liebevoll eingerichteten, historischen Gebäude gelegen, begeistert das Café durch freundlichen Service, exzellenten losen Tee und außergewöhnlich leckeren Kuchen. Ein Ort, der zum Wiederkommen einlädt.

Wir verlassen das Café und stehen nach wenigen Schritten vor dem Löwendenkmal, das gerne bei verschiedenen Anlässen bunt geschmückt wird. Unser Blick richtet sich aber nach rechts. Dort grüßt uns auf dem Marktplatz die wohl bekannteste Figur der Stadt von der Spitze eines Brunnens - der Lauterbacher Strolch.

Der sogenannte **Strumpfbrunnen** wurde im August 1976 eingeweiht. Die Figur basiert auf das sogenannte Lauterbacher Strumpflied.

Ein Liedgut, dessen Ursprung, nebenbei erwähnt, mehrere deutsche Orte mit dem Namen Lauterbach für sich beanspruchen. Zumindest hat kein anderer Ort als das mittelhessische Lauterbach sich mit dieser Figur so eng inhaltlich verbunden. Auf unserer Tour durch Lauterbach werden wir deshalb den Strolch des Öfteren begegnen.

Hinter dem Brunnen befindet sich auch das Touristcenter Stadtmühle. Sollten Sie ein paar Tage länger in der Region bleiben wollen (siehe auch mein Tipp am Ende der Tour), dann ist das eine gute Gelegenheit, sich über andere touristische Ziele der Region zu erkundigen.

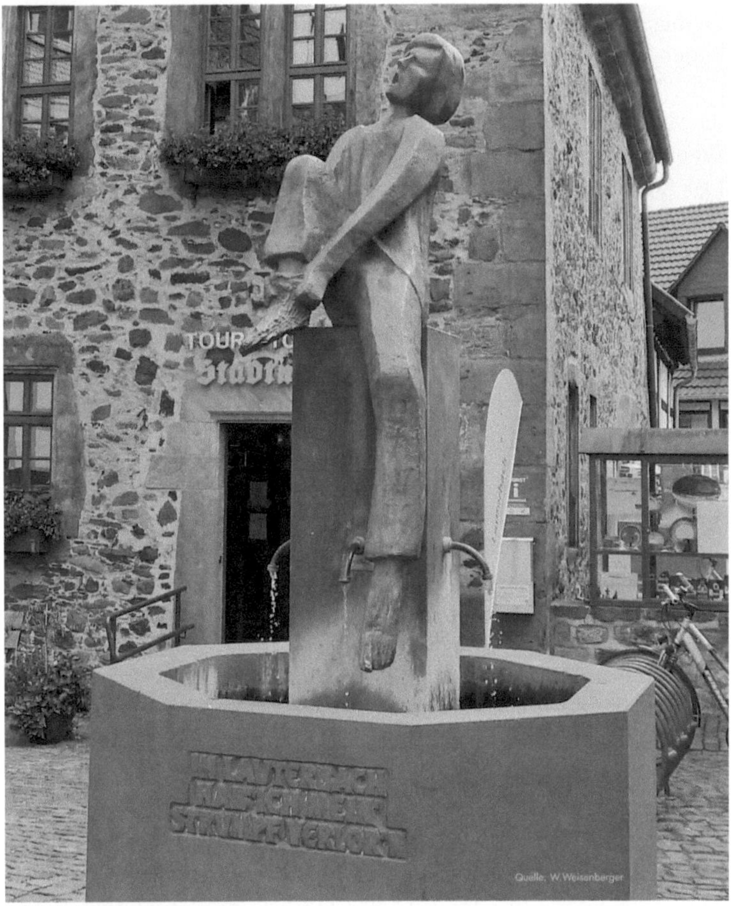

Strumpfbrunnen in Lauterbach

Wir bleiben aber erst einmal im schönen Lauterbach und wenden uns rechts in die Straße *Marktplatz* und besuchen schräg gegenüber der Stadtkirche den Weinhändler - es ist **Genießerzeit**. Je nach Tageszeit und Laune können wir schon mal ein kleines Päuschen auf unserer Tour einlegen.

GeniesserZeit wurde 2016 von Markus Schrimpf gegründet und bietet Wein, Kaffee und frischen Flammkuchen an. Die Philosophie: Wein kaufen heißt Wein probieren. Daher können Kunden die Weine vor Ort verkosten. Als qualifizierter PAR-Verkoster und Weinfachberater IWI bietet Markus Schrimpf fundierte Beratung. Das Sortiment umfasst Weine von deutschen und österreichischen Winzern, die er persönlich kennt und deren Entwicklungen er genau verfolgt. Jeder Wein erzählt seine eigene Geschichte.

Wir ziehen nun rechts an der Stadtkirche vorbei, in der u.a. auch die Lauterbacher Pfingstmusiktage stattfinden und nähern uns der **Lauterbacher Burg**.

Burg mit Burghofpark

Die Burg wurde an der nördlichsten und anfälligsten Stelle zur Verteidigung und zum Schutz der Stadt errichtet, während im Süden der Fluss Lauter natürlichen Schutz bot. Die ältesten erhaltenen Gebäudeteile stammen aus der gotischen Zeit. Im Laufe der Jahrhunderte entwickelte sich die Burg von einer reinen Festungsanlage zu einem Schloss. Sie spielte eine bedeutende Rolle in der Geschichte der Lauterbacher Käseproduktion und des regionalen Biers. Zahlreiche historische Persönlichkeiten besuchten die Burg, darunter General Friedrich Adolf Riedesel und der letzte russische Zar Nikolaus II. Heute dient die Burg als Verwaltungs- und Archivgebäude der Familie Riedesel zu Eisenbach und beherbergt zudem einige Privatwohnungen.

Die Familie Riedesel zu Eisenbach hat über Jahrhunderte hinweg eine bedeutende Rolle in Lauterbach und der Geschichte der Burg Eisenbach gespielt. Die Riedesels waren seit dem Mittelalter Herren der Burg Eisenbach und damit verantwortlich für die Verwaltung und den Schutz des Gebiets um Lauterbach. Ihre Verwaltung sorgte dafür, dass Lauterbach als Markt- und Handelsplatz florierte. Sie unterstützten und entwickelten die Viehhaltung und Landwirtschaft, wodurch sich auch die regionale Käseproduktion (insbesondere der bekannte Handkäse) entwickelte. Durch die Förderung lokaler Produkte entstand eine starke landwirtschaftliche Identität, die bis heute erhalten ist. Die Familie Riedesel war für das Vergeben von Braurechten in der Region zuständig. Sie lizenzierten Brauereien und sorgten dafür, dass die Bierproduktion in Lauterbach zu einem wirtschaftlichen Standbein wurde. Dies trug zur wirtschaftlichen Stabilität und Identität Lauterbachs bei und legte den Grundstein für die bis heute bekannte Biertradition in der Region.

Nach diesem kleinen Abstecher zur Burg und dessen Parkanlage gehen wir zurück in Richtung Stadtkirche und biegen links in die *Hintergasse* ein, die in die *Bahnhofstraße* übergeht. Nach etwa 300 Metern sehen wir linker Hand die Buchhandlung **Lesezeichen**.

Die Buchhandlung Lesezeichen wurde 2023 für ihr herausragendes Engagement in der Leseförderung und für das gesellschaftliche Miteinander ausgezeichnet. Im neu ins Leben gerufenen Wettbewerb "Hessens beste Dorfbuchhandlung" erhielt sie Anerkennung für die gelungene Verbindung von wirtschaftlichem und sozialem Engagement. Die Buchhandlung bereichert durch ihre kulturelle Vermittlung und aktive Gestaltung der Gemeinschaft vor Ort in beispielhafter Weise und steigert die Lebensqualität in der Region. Sind Sie neugierig geworden? Dann fragen Sie doch im Laden nach.

Nach unserem Besuch gehen wir ein kleines Stück zurück und biegen links in die Straße *Am Graben* ein. Wir kürzen dann über den *Landsknechtweg* ab und halten uns wieder *Am Graben* rechts und erreichen die **Zweibar**.

Sollte es gerade nach 17:00 Uhr sein und DoFrSa, dann lassen Sie sich doch einfach nieder im Lokal oder im gegenüberliegenden Garten mit schönem Blick auf die Lauter. Mit dem Motto "Einfach einzigartig" schafft das Konzept ein unverwechselbares Erlebnis. Jede Getränkewahl ist eine Entdeckung: von Bio-Produkten, die regionalen Wurzeln folgen, bis zu exklusiven Spezialitäten, die nirgendwo sonst erhältlich sind. Besonderes Augenmerk liegt auf sozialen und ökologischen Aspekten; jedes Etikett erzählt eine Geschichte. Standardgetränke sucht man hier vergeblich. Stattdessen gibt es Vulkanbier, Limonaden aus dem Norden, Craftbeer und Cocktails wie den unverkennbaren Lauterbacher Esel – ein Erlebnis in jeder Flasche.

Wir gehen der Straße Am Graben weiter entlang, bis sie immer enger wird und sich plötzlich links ein schmaler Hausdurchgang zur Lauter hinab führt. Wir haben die **Schrittsteine** und ein weiteres Denkmal zum Thema **Lauterbacher Strolch** erreicht.

Der bereits 1596 erwähnte Kurzweg über die Lauter zu einem Stadtbrunnen hat 2005 eine neue Attraktivität bekommen. Seit 1905 feiert die Stadt den Strolch und zum 100-jährigen Jubiläum wurde ihm in der Lauter ein Denkmal gesetzt. Die Figur ist in der Gestaltung angelehnt an das Werbesymbol des ersten deutschen Camemberts, der früher in Lauterbach hergestellt wurde.

Nach der Überquerung der Lauter über die Schrittsteine folgen wir rechts dem Lauf der Lauter und überqueren sie bequem mittels Brücke und sehen in Sichtachse zum Ankerturm bereits das Logo unseres letzten Laden-Stopps, die **Metzgerei Otterbein**.

Die familiengeführte Metzgerei überzeugt seit Generationen mit hochwertiger Qualität. Das freundliche Team produziert fast alle

Fleisch- und Wurstwaren selbst, nach überlieferten Rezepten und mit regionalem Bezug. Die enge Zusammenarbeit mit Erzeugern garantiert Transparenz und Frische. Mit attraktiven Preisen und einem hohen Maß an Kundenzufriedenheit ist die Metzgerei über die Stadtgrenzen hinaus bekannt.

Bestimmt finden wir Gefallen an den "Lauterbacher Präsenten" der Metzgerei, wie z. B. den Lauterbacher Wuststrumpf oder dem Strolchproviant.

Ganz nach Geschmack ziehen wir mit diesen Mitbringseln aus Lauterbach weiter. Sie haben nun vielleicht richtig Appetit bekommen, den Tag mit einem Gourmetabend ausklingen zu lassen. Dann kehren wir am Ende der Straße *Am Graben* ein in das **Restaurant Schuberts**.

Das "Schuberts" in der Innenstadt verführt mit Bib-Gourmand-ausgezeichneter Küche von Chefkoch Stefan Schubert und einem leidenschaftlichen Team, das herzlichen Service großschreibt. In entspannter Brasserie-Atmosphäre am Fluss Lauter genießen Gäste regionale und saisonale Spezialitäten mit mediterranem Flair. Mittags lockt der beliebte "Schuberts Schneller Teller"; abends lädt die rustikale Weinstube "Entennest" zu weiteren kulinarischen Erlebnissen ein. Das modern-legere Interieur und das stilvolle Hotel ergänzen den genussvollen Aufenthalt – für besondere Genussmomente im Herzen der Region.

Damit sind wir am Ende unserer Einkaufs- und Erlebnistour durch Lauterbach angelangt. In Sichtweite unseres letzten Stopps befinden sich unsere An- und Abreisepunkte.

***

Diese Tour durch Lauterbach kann in der Rückschau mit all unseren Erlebnissen wohl eher als Kultur- und Genusstour beschrieben werden. Die Einkaufsstationen waren doch eher selten, was nicht heißen soll, dass Einkaufen in Lauterbach nicht lohnenswert wäre. Natürlich gibt es entlang der Strecke noch einige interessante Läden, in denen ein Besuch lohnt. Dass diese Geschäfte hier nicht erwähnt wurden ist unserer Vorgabe geschuldet, dass in der "Wundertüte Innenstadt" nur Läden vorgestellt werden, die auch den "LadenButler-Index" geschafft haben, also ganz besonders durch die Beliebtheit der Kundschaft aus dem Gesamtangebot herausragen. Mehr dazu finden Sie auf der Webseite **www.laden-butler.de**.

LIMBURG AN DER LAHN

Alles, außer goldene Badewannen

Willkommen in Limburg an der Lahn, einer der schönsten und historisch reichsten Städte Deutschlands. Eingebettet in die sanften Hügel des Lahntals und gekrönt vom majestätischen Limburger Dom, lockt die Stadt nicht nur mit ihrer mittelalterlichen Altstadt, sondern auch mit einem breiten Angebot an Shopping- und Genussmöglichkeiten.

Ein Bummel durch Limburgs Altstadt ist wie eine Reise ins Mittelalter: Kopfsteinpflasterstraßen, wunderschön restaurierte Fachwerkhäuser und charmante Gassen laden zum Flanieren ein. Der imposante Dom, weithin sichtbar auf einem Felsen über der Lahn thronend, bietet eine fantastische Aussicht und ist ein Muss für jeden Besucher. Die geschichtsträchtigen Mauern und das Ambiente der Altstadt lassen Sie in vergangene Zeiten eintauchen und schaffen eine ganz besondere Einkaufs- und Erlebniskulisse.

Kleine, familiengeführte Boutiquen, die modische Highlights präsentieren, wechseln sich mit traditionsreichen Fachgeschäften ab, die zum Stöbern und Entdecken einladen.

Die Gastronomie in Limburg reicht von gemütlichen Gasthäusern mit rustikalen Gerichten bis hin zu gehobener Küche – für jeden Geschmack ist etwas dabei.

Limburg an der Lahn ist der ideale Ort für alle, die Historie, Kultur und Erholung in einem harmonischen Umfeld erleben möchten. Tauchen Sie ein in die historische Bischofsstadt und lassen Sie sich von dieser Stadt verzaubern – denn in Limburg wartet hinter jeder Ecke eine neue Entdeckung!

***

Unsere Tour beginnt im Umfeld des Limburger Bahnhofes. Besucher, die mit dem Pkw kommen, parken im *Parkhaus Bahnhof,* das direkt neben dem *ZOB Nord* liegt und so auch Ausgangspunkt für die Nutzer von öffentlichen Verkehrsmitteln sein kann.

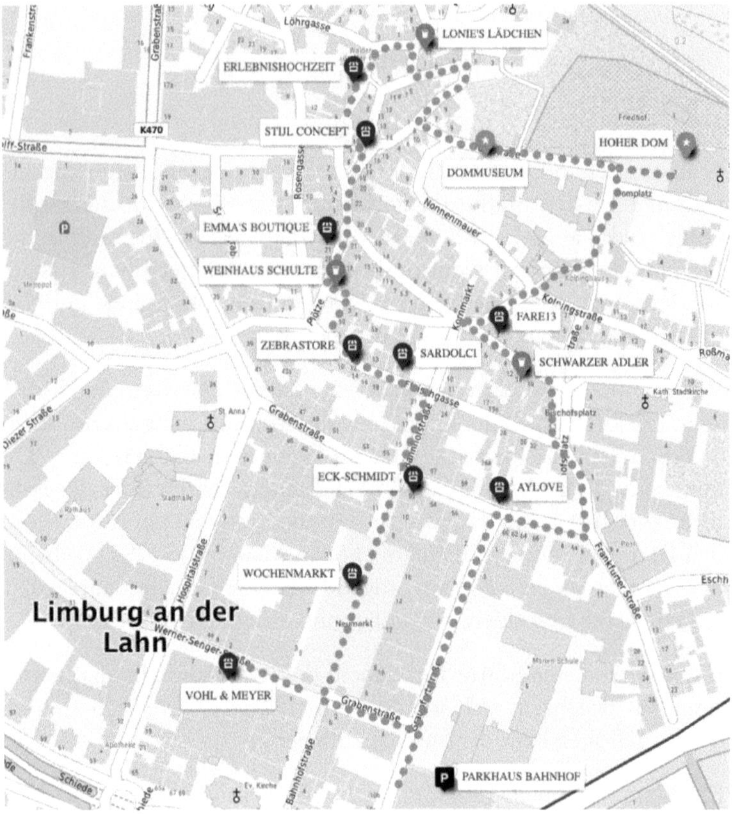

Fußläufiger Zeitbedarf (24')

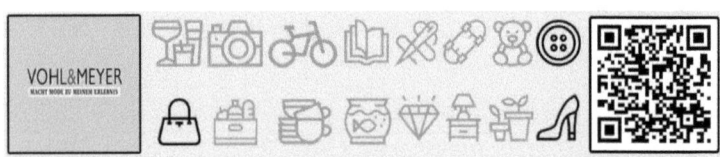

Vom Parkplatz aus halten wir uns in der *Graupfortstraße* ein paar Schritte nordwärts, um gleich links in die Straße *Neumarkt* einzubiegen. Dieser folgen wir kurz und stimmen uns ein mit einem Besuch im Modehaus **Vohl & Meyer**.

Vohl & Meyer in Limburg begeistert seit über 110 Jahren mit persön-licher und herzlicher Beratung. Ihr großes Markenangebot inspiriert und außergewöhnliche Event-Ideen überraschen die

Kunden immer wieder. Die Begriffe Neugier, Lernen, Mut und Tun treiben das Geschäft stetig voran. Sabine und Martin Acht, sowie ihr Team, laden dazu ein, einen spannenden Modeweg gemeinsam zu gehen. Besuchen Sie auch ihre Social-Media-Kanäle für aktuelle Infos, Aktionen und Mode-Ideen.

Nach diesem Besuch gehen wir ein kleines Stück zurück und biegen in den Platz *Neumarkt* ein. Hier findet jeden Mittwoch und Samstag der **Wochenmarkt** rund um den Georgsbrunnen statt.

Der Limburger Wochenmarkt ist eine gute Adresse für Genießer und Freunde regionaler Produkte. Hier findet man eine Vielfalt an frischen, hochwertigen Lebensmitteln – von saisonalem Obst und Gemüse über handgemachte Käsespezialitäten bis hin zu Backwaren, Fleisch und Wurstwaren aus der Umgebung. Der Markt ist nicht nur ein Ort für den Einkauf, sondern auch ein sozialer Treffpunkt in der historischen Altstadt, der eine lebendige Atmosphäre und direkten Kontakt zu lokalen Erzeugern bietet. Besucher können hier das authentische Flair Limburgs spüren, die frischen Aromen und Farben genießen und ganz nebenbei die einladende Kulisse der Fachwerkhäuser rund um den Marktplatz bewundern.

Nach diesem Frischegenuss gehen wir einfach geradeaus Richtung Altstadt, nutzen die *Bahnhofstraße* und stehen an der nächsten Straßen-ecke bei einem weiteren Traditionshaus, dem Wäschehaus **Eck-Schmidt.**

Seit 1880 prägt Eck-Schmidt das Stadtbild Limburgs – ein Traditionsgeschäft, das für erstklassige Tag- und Nachtwäsche sowie Kindermoden bis Größe 104 bekannt ist. Benannt nach dem Gründer Johann Franz Schmidt, steht das Haus für hohe Qualität und authentische Beratung. Von schicker Babybekleidung bis zu stilvoller Mode für Sie und Ihn: Eck-Schmidt begeistert durch eine warme Atmosphäre und engagierte Beratung. Hier kann man in Ruhe anprobieren und entdecken – für jeden, der Wert auf Service und Stil legt, ist Eck-Schmidt eine echte Institution in Limburg.

Wir überqueren die *Grabenstraße* und bleiben zunächst in der *Bahnhofstraße* und biegen links in die *Fleischgasse* ein. Im ersten Haus, an der Ecke *Kornmarkt*, treffen wir auf sardische Spezialitäten, dem **Sardolci** Feinkostgeschäft.

Sardolci importiert köstliche Spezialitäten direkt aus Sardinien und legt dabei besonderen Wert auf Qualität und Frische. Der persönliche Kontakt zu den Produzenten gewährleistet höchste Standards. Das Gebäck, einschließlich sardischer Amaretti aus eigenen Mandeln, wird größtenteils im eigenen Haus hergestellt. Die handgefertigte Pasta aus lokalen Zutaten folgt traditionellen Familienrezepten. Sardolci bietet verschiedene Pastasorten, darunter die für Ogliastra typischen Gulurgiones mit Kartoffel-Käse-Minze-Füllung. Frische Zutaten aus der Region und liebevolle Zubereitung sind garantiert. Auch das fluffige Kartoffelbrot nach Nonna's Rezept ist ein Highlight.

Wir bleiben in der *Fleischgasse*, wechseln die Straßenseite und entdecken einen bereits nach außen auffälligen Laden, den **Zebrastore**.

Im Zebrastore trifft modische Exklusivität auf authentische Beratung. Hier findet jeder, der das Besondere abseits des Mainstreams sucht, eine stilsichere Auswahl und die persönliche Beratung, die das Einkaufserlebnis unvergesslich macht. Mode, die Qualität und Langlebigkeit vereint, begeistert seit über einem Jahrzehnt treue Kundinnen. Wir treten in das Geschäft ein für ein Shopping-Erlebnis wie im Film – und einen Kleiderschrank, der in Schwarz-Weiß eine Geschichte erzählt.

Sind Sie von den Eindrücken schon etwas durstig geworden? Lust auf ein Weinerlebnis oder auch mal quer durch die Kochtöpfe? Dann nichts wie hin zum **Weinhaus Schultes.** Wir finden das Lokal, indem wir die *Fleischgasse* verlassen und rechts in die *Plötze* einbiegen. Nach wenigen Schritten sind wir schon da.

Oliver Birkhölzer belebt das Weinhaus Schultes in Limburg mit neuer Energie und bewahrt gleichzeitig die Tradition des historischen Lokals. Seit 1836 ein beliebter Treffpunkt für Weinliebhaber, verbindet das Weinhaus heute bewährte Tradition mit frischem Esprit. Nun auch mit gemütlichen Gästezimmern und einer Ferienwohnung. Der charismatische Gastgeber Oliver und seine Frau Monika heißen ihre Gäste willkommen, sei es für ein Glas Wein, ein Bier oder eine genussvolle Mahl-zeit. Lassen Sie sich von der Neuinterpretation dieses Limburger Klassikers begeistern und genießen Sie das neu belebte historische Flair.

Nach dieser Stärkung kann es mit Elan weitergehen. Wir bleiben in der *Plötze* und wenden uns der linken Straßenseite zu und treffen dort auf **Emma's Boutique.**

Emma's Boutique begeistert seit über 40 Jahren mit exklusiver Damenmode und wird heute in zweiter und dritter Generation geführt. Nach einer umfassenden Renovierung erstrahlt das Geschäft in der Limburger Altstadt in neuem Glanz. Julia Lorenzo und ihre Mutter Christine Acht-Lorenzo empfangen hier Kundinnen aus nah und fern. Auch über Limburg hinaus zieht die Boutique Modebegeisterte an. Die frischen Kollektionen und Lorenzos Engagement auf Instagram laden zum Stöbern ein.

Wir ziehen weiter nördlich in Richtung Dom. Etwa 100 Meter weiter in der Straße *Fischmarkt* erwartet uns ein Laden mit eigenem Stil, das **Stijl.concept**.

Carmen, Gründerin von STIJL.concept, lebt ihren Jugendtraum: einen Ort zu schaffen, der pure Inspiration und Wohlgefühl vereint. Nach einer prägenden Reise durch Holland – von Beachbars bis hin zu charmanten Backsteinhäusern – entwickelte sie eine Vision, die den niederländischen Lebensstil nach Limburg bringt. Mit Liebe zum Detail und viel Hingabe ist STIJL.concept heute ein einzigartiger Store, der Dank an all jene ausdrückt, die diesen Traum ermöglicht haben. Ein Ort, der verbindet – voller Authentizität und Wärme.

Am Fischmarkt in Limburg

Jetzt wird es festlich. Weg vom holländischen Scharm zum Schwarm für Heiratswillige. Dazu nutzen wir eine kleine Gebäudelücke gegenüber dem Stijl.concept und landen in der *Fahrgasse*, in der wir rechts abbiegen. Auf der linken Straßenseite entdecken wir im Walderdorffer Hof die **Erlebnishochzeit** von Elaine Ferlita SPOSA.

Die exklusive Bridal Boutique in historischem Adelsambiente lädt dazu ein, das perfekte Brautkleid zu finden. Die Boutique bietet handverlesene Designs von international renommierten Marken wie Vera Wang, Pronovias und Justin Alexander – alle einzigartig, hochwertig verarbeitet und im aktuellen Stil. In persönlicher Atmosphäre und ganz ohne Störung wird jede Braut individuell beraten. Auch Trauringe "Made in Germany" ergänzen das Sortiment, mit privatem Ambiente für eine diskrete Auswahl der Verlobungsringe.

Wie verlassen das herrschaftliche Anwesen, halten uns links und blei-ben zunächst, auch nach einer Rechtsbiegung, in der *Fahrgasse*. An deren Ende quert die *Brückengasse* und wir stehen direkt vor **Lonie's Lädchen**, das uns zu einer kurzen Pause einlädt.

Jeden Morgen erwacht Limburg in einer zauberhaften Atmosphäre. Lonie's Lädchen ist dabei ein besonderer Treffpunkt für Frühaufsteher, die ein liebevoll zubereitetes Frühstück genießen, und für Touristen, die sich von der Altstadt verzaubern lassen. Hier erwarten die Gäste hausgemachte Waffeln, Shakes, frische Smoothies und sogar dänisches Softeis. Auch für Feiern bietet das Lädchen ein exklusives Erlebnis: Von eigens kreierten Waffeln bis zu kreativen Geschichten und personalisierten Videos – ein unvergesslicher Tag für Groß und Klein!

Wir verlassen das "süße" Lädchen und folgen nun der Gasse *Rutsche*, die sich im Verlauf etwas windet, bis wir in der *Domstraße* landen. Auf der rechten Seite stoßen wir auf das Dommuseum.

Das **Limburger Diözesanmuseum** beeindruckt Besucher mit einer umfassenden Ausstellung zur Geschichte des Bistums und seltenen Kunstschätzen. In acht Räumen und auf dem Außengelände – inklusive des Museumshofs und Mariengartens – werden Kunstwerke und Dokumente zur Diözesangeschichte gezeigt. Neben den klassischen Ausstellungsbereichen im historischen Museumsgebäude sind auch Räume des benachbarten Bischofshauses, einschließlich der prägnanten Kapelle integriert.
Das Museum, das 1905 gegründet wurde, widmet sich der Geschichte des Bistums Limburg, das seit 1827 existiert, und

illustriert zugleich die lange religiöse Überlieferung der Region seit der Spätantike. Im Untergeschoss befindet sich der Domschatz, der zwei bedeutende Artefakte beherbergt: die Staurothek, ein byzantinisches Kreuzreliquiar aus dem 10. Jahrhundert, und der Petrusstab mit ottonischer Goldverzierung aus der Spätantike. Zudem sind wertvolle barocke Objekte des Trierer Kurstaates zu sehen, die bei Kaiserkrönungen in Frankfurt genutzt wurden.

Die Räume der ehemaligen Wohnung des abberufenen Bischofs Franz-Peter Tebartz-van Elst präsentieren im Erdgeschoss des Bischofhauses historische Exponate und rund 130 ausgewählte Stücke in einem wandbreiten Bücherregal im einstigen Arbeitszimmer des Bischofs. Die angebliche "Goldene Badewanne" im Gebäude bleibt allerdings ein Gerücht und gehört deshalb auch nicht zu den gezeigten Objekten.

Wir verlassen das Museum und wenden uns dem **Dom** zu, der uns hinter dem *Domplatz* schon von weitem begrüßt.

Im Limburger Dom, einem Meisterwerk der Spätromanik, gibt es viele besondere Highlights zu entdecken. Die markante Fassade mit ihren sieben Türmen und kunstvoll verzierten Fassaden gehört zu den beeindruckendsten mittelalterlichen Kirchenfassaden in Deutschland.

Quelle:
Bärbel Stillger

Limburger Dom

Die sieben Türme des Limburger Doms haben eine symbolische Bedeutung und unterstreichen seine architektonische Einzigartigkeit. Die Zahl "sieben" hat in der christlichen Symbolik viele Bedeutungen, darunter die sieben Sakramente, die sieben Gaben des Heiligen Geistes und die sieben Tage der Schöpfung.

Im Inneren beeindrucken besonders die farbenprächtigen Wandmalereien aus dem 13. Jahrhundert, die biblischen Geschichten und Heiligenfiguren darstellen und in ihrer Farbintensität außergewöhnlich gut erhalten sind.

Nun geht es wieder abwärts in Richtung Altstadt. Neben dem *Domplatz* führt die *Große Domtreppe* hinab, bis wir rechts in die *Kleine Domtreppe* abbiegen, die *Nonnenmauer* überqueren und der *Kolpingstraße* folgen. Wir sind am *Kornmarkt* angekommen. An der Ecke zur *Barfüßerstraße* ist unser nächster Stopp, die Kaffeerösterei **Fare Tredici**.

Fare Tredici bringt das echte Kaffeeglück nach Limburg. Hier wird jede Bohne sorgfältig ausgewählt und in Nassim Schäfers liebevoll eingerichteter Kaffeemanufaktur mit dem kunstvollen Diedrich-Röster auf höchstem Niveau veredelt. Die hauseigene Röstkunst erweckt die Tradition der alten Kaffeeröstereien wieder zum Leben – fair, nachhaltig und meisterlich. Vom Ursprung bis in die Tasse: Hier wird Kaffeegenuss zum Erlebnis, das Leidenschaft und Handwerk vereint, handgeröstet, einzigartig und unverwechselbar.

Falls es Sie nicht gerade nach Kaffee dürstet, sondern einen größeren Hunger verspüren, dann gehen Sie der *Barfüßerstraße* ein Stückchen weiter und kehren beim **Schwarzen Adler** ein.

Das historische Gasthaus Schwarzer Adler, erbaut um 1700, ist eine der traditionsreichsten Adressen der Altstadt. Seit 1956 trägt es seinen heutigen Namen und bietet in urgemütlicher Atmosphäre deutsche Küche, frische Fassbiere (auch Weizen), ausgewählte Weine und Spirituosen. Auf zwei Etagen erwarten die Gäste ein großer Festsaal sowie fünf Hotelzimmer. Die Familie Yalcin führt das Haus seit 2023 in der Tradition der Familie Breuer weiter.

Nun nähern wir uns schon der letzten Station und die Damen unter Ihnen dürfen sich schon darauf freuen. Wir bleiben zunächst in der

Barfüßerstraße und biegen in die *Frankfurter Straße* ein, bis rechts die *Grabenstraße* folgt. Hier auf der rechten Seite ist der Name Programm: **AYLOVE fancy dresses**.

Limburg hat eine coole Adresse für Abendkleider! Ob Hochzeit, Abschlussball oder als Brautjungfer – hier wird jede fündig, ohne den Frust langer Online-Bestellungen und Rücksendungen. Die Auswahl ist international, einzigartig und alles andere als langweilig. Hier wird der Anprobetermin zum Erlebnis, und das Lieblingskleid geht direkt mit nach Hause. Stilvoll, girly und perfekt für den Instagram-Moment.

Über die *Graupfortenstraße* gegenüber Aylove können Sie direkt zu unserem Ausgangspunkt gelangen. Wer noch etwas bummeln will nimmt den Weg über die *Bahnhofstraße* und dem *Neumarkt*, den wir schon zu Beginn kennen gelernt haben, wieder zurück.

***

In der Rückschau auf unsere Einkaufs- und Erlebnistour durch Limburg an der Lahn wird Ihnen sicher die große Anzahl von sehr beliebten Bekleidungsgeschäften aufgefallen sein. Limburg ist eine gute Adresse, sich schick und modern einkleiden zu können. Auch hier habe ich nur die besten und eher kleineren Geschäfte vorgestellt. Ich habe mich entschieden, größere Filialisten, die in der Fußgängerzone vertreten sind, nicht zu erwähnen, da diese für die Innenstädte zwar von großer Bedeutung sind, aber leider der Innenstadt einen uniformen Stempel aufdrücken können. Der Zauber der Wundertüte Innenstadt ginge bei ihrer besonderen Erwähnung nur verloren.

Auf unserer Tour sind wir an vielen anderen spannenden Konzepten vorbeigekommen, die ein buntes Erlebnis bieten und den Aufenthalt kurzweilig gestalten.

Bisher unerwähnt blieb auch die WERKstadt Limburg am Bahnhof, ein Einkaufszentrum in einem ehemaligen Bahnausbesserungswerk. Es liegt etwas abseits unserer Altstadttour, dennoch gibt es dort ebenfalls noch Läden, in denen das eine oder andere Erinnerungsstück aus Limburg zu finden ist.

MARBURG

Famos für Klein und Groß

Marburg ist eine wunderschöne Universitätsstadt in Hessen, die sowohl kulturell als auch historisch viel zu bieten hat. Ihre Bedeutung liegt vor allem in ihrer jahrhundertealten Tradition als Bildungsstandort, denn hier befindet sich die Philipps-Universität, eine der ältesten Universitäten Deutschlands, gegründet 1527. Diese wissenschaftliche Prägung verleiht der Stadt ein besonderes Flair, das man bei einem Rundgang durch die historische Altstadt oder entlang des Flussufers der Lahn spüren kann.

Marburg wird von seinem imposanten Landgrafenschloss überragt, das auf einem Hügel thront und einen atemberaubenden Blick über die Stadt bietet. Im Schloss gibt es nicht nur eine spannende Ausstellung zur Stadtgeschichte, sondern es ist auch ein fantastischer Ort für Spaziergänge im Schlosspark.

Die charmante Altstadt ist perfekt für eine gemütliche Shoppingtour, mit kleinen Boutiquen, Handwerksläden und Feinkostgeschäften, die lokale Produkte anbieten. Besonders in den engen, kopfsteingepflasterten Gassen sind besondere Souvenirs und handgemachte Waren zu entdecken.

Auch kulinarisch hat Marburg einiges zu bieten. Viele traditionelle Restaurants bieten hessische Spezialitäten an. In der Oberstadt gibt es viele gemütliche Cafés, Bäckereien und Eisdielen, die lokale Spezialitäten servieren. Der wöchentliche Wochenmarkt am Marktplatz bietet zudem frische Produkte von Bauern aus der Region, die sich perfekt für ein Picknick an der Lahn eignen.

Marburg ist eine Stadt voller Geschichte, Bildung und Kultur, die durch ihre mittelalterliche Architektur, ihre lebendige Altstadt und die malerische Lage an der Lahn begeistert. Egal, ob Sie durch die Gassen schlendern, in den kleinen Geschäften stöbern oder die kulinarischen Highlights genießen – Marburg bietet ein reiches Erlebnis für Besucher jeden Interesses.

***

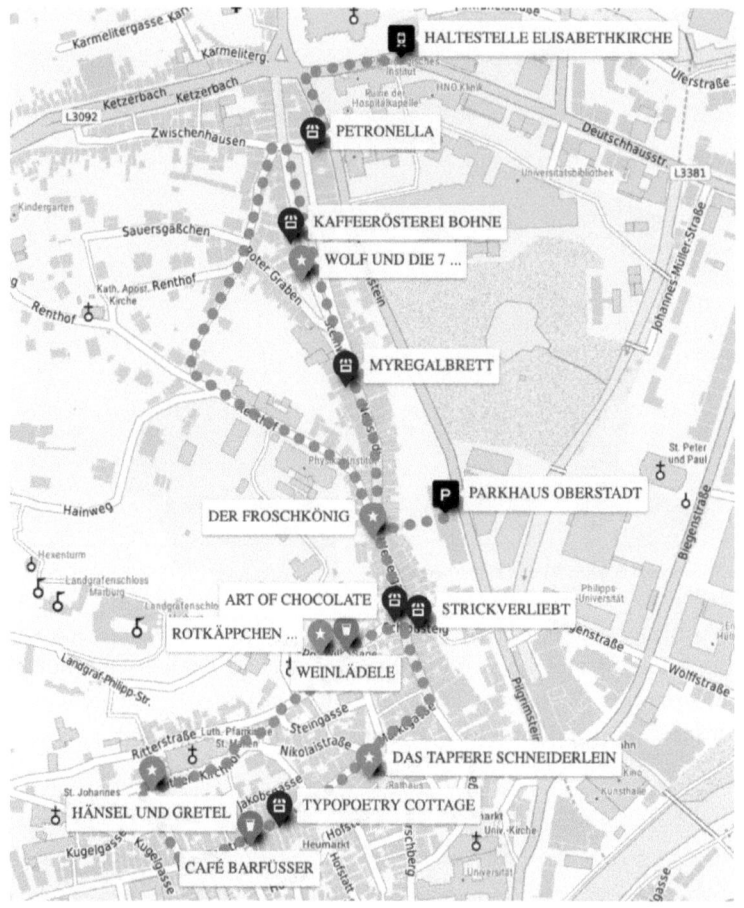

Fußläufiger Zeitbedarf (36')

Mit dem Pkw kommend, starten wir unsere Erlebnis- und Genusstour vom *Parkhaus Oberstadt* aus. Für Nutzer der Öffentlichen Verkehrsmittel ist es nötig, die Tour vom Norden aus zu beginnen. Vom *Hauptbahnhof* nehmen Sie die Buslinie 7 Richtung Universitätsklinikum und steigen nach 4 Minuten und 2 Zwischenstopps an der Haltestelle Elisabethkirche aus. Von da aus gehen sie westwärts in der *Deutschhausstraße* bis zur Einbiegung *Pilgrimstein*. Hier links bis zum Geschäft Petronella. Von da aus folgen Sie der Tour in Richtung Süden.

Das *Parkhaus Oberstadt* bietet einen Steg an, der uns bequem in die Oberstadt bringt. Dort treffen wir sogleich auf ein Marburger Original - den Dienstmann Christian Werner.

Dienstmann Christian Werner in Marburg

Wir biegen an der dortigen Weggabelung *Renthof/Neustadt* rechts in die leicht abschüssige Straße *Neustadt* ein und treffen nach kurzer Wegstrecke, nachdem die Straße in den *Steinweg* übergeht, auf unseren 1. Stopp dem Mietregalkonzept **myregalbrett.**

Der Geschenkeladen myregalbrett bietet eine Plattform für Startups, Kreative, Künstler und Privatpersonen, um ihre Produkte in der Marburger Oberstadt zu präsentieren und zu verkaufen. Mit über 230 Ausstellern seit der Gründung im Jahr 2013, steht myregalbrett für eine große Auswahl an einzigartigen Artikeln, Sondereditionen und saisonalen Angeboten für jedes Budget. Ein Besuch lohnt sich immer!

Wir bleiben auf der linken Seite des *Steinwegs* und bestaunen an einer breiteren Mauerfront eine Skulpturengruppe des Marburger Grimm-Dich-Pfades, das den **Wolf und die 7 jungen Geißlein** darstellt.

Der Wolf und die 7 jungen Geißlein

Der Grimm-Dich-Pfad in Marburg ist ein ganz besonderes Erlebnis, das Märchenfans und Geschichtsinteressierte gleichermaßen begeistert. Er führt die Besucher auf den Spuren der berühmten Brüder Grimm durch die historische Altstadt, denn Marburg spielte eine zentrale Rolle in ihrer Biografie: Hier studierten Jacob und Wilhelm Grimm an der Philipps-Universität und wurden stark von den Geschichten und Sagen der Region inspiriert.

Besonders für Familien ist der Pfad ein Highlight, da er die Geschichte der Grimms und ihre Märchen auf spielerische Weise erlebbar macht. Kinder können an den interaktiven Märchenstationen Rätsel lösen, Figuren entdecken und sich in die Welt der Märchen hineinversetzen.

Gleich neben der Märchenwand schließt die Kaffeerösterei **BOHNE** an.

Die Kaffeerösterei BOHNE, gegründet im Dezember 1999, bietet 29 Sorten frisch gerösteten Kaffee. Der Dutchmaster-Röster im Schaufenster ist fast täglich in Betrieb, und Inhaber Erik Schramm lädt Interessierte ein, dem Röstprozess beizuwohnen. Samstags steht das BOHNE-Mobil auf dem Wochenmarkt im Südviertel mit einer Auswahl beliebter Kaffeesorten und Coffee-to-go.

Pferdebrunnen zur Erinnerung an den Immunologen und Serologen Emil v. Behring

Wir bleiben in der *Steingasse* und wechseln auf Höhe des Mönchsbrunnen und Pferdebrunnen die Straßenseite und stehen am Haus 35a vor dem Damenmodegeschäft **Petronella.**

Das stilvoll eingerichtete Ladengeschäft bietet eine erlesene Auswahl an lässiger und edler Mode, modernen Accessoires und Sneakers. Die kompetente Beratung und der freundliche Umgang mit den Kunden zeichnen dieses Geschäft aus. Wer auf der Suche nach besonderen Stücken ist, wird hier garantiert fündig. Zusätzlich bietet der Laden süße Baby- und Kleinkinderartikel, die sich perfekt als hochwertige Geschenke eignen.

Wir halten uns nun links, nutzen den *Roten Graben* für den Rückweg und kürzen über den *Renthof* ab, bis wir wieder auf Höhe *Wettergasse 40* vor unserer nächsten Grimm-Dich-Station, dem **Froschkönig,** stehen.

Der Froschkönig

Die Brüder Grimm wollen uns mit dem Märchen zwei moralische Botschaften vermitteln. Zum einen "Versprich nichts, was du nicht halten willst" sowie "Der äußere Schein kann trügen".

Vielleicht nehmen wir diesen Rat mit auf den Weg unserer Tour und prüfen dies bei unseren weiteren Stationen?

Jetzt lassen wir uns erst einmal mit etwas Süßem verführen und besuchen das Süßwarengeschäft **Art of Chocolate**.

Art of Chocolate begeistert mit handgefertigten Pralinen und Trüffeln, die das Leben versüßen. In der kleinen Manufaktur wird mit Hingabe und Kreativität an immer neuen Kreationen gearbeitet, um Kunden zu überraschen. Jede Praline wird aus besten Zutaten gefertigt und vereint klassischen Genuss mit exotischen Noten.

Gleich gegenüber geht es weiter handwerklich zu. Hier ist man gleich **Strickfairliebt**.

Melanie Michels betreibt Strickfairliebt, einen Onlineshop für nachhaltig produzierte Handstrickgarne. Das Sortiment ist auch im charmanten Wollädchen in der Oberstadt erhältlich, wo Kurse und Events angeboten werden. Mit langjähriger Erfahrung in der Textilbranche, darunter Modedesign und Schneiderei, bietet sie kompetente, bedürfnisorientierte Beratung. Seit 2023 führt sie das Geschäft in der Wettergasse und freut sich dienstags bis samstags von 10 bis 18 Uhr auf Ihren Besuch.

Wir folgen der *Wettergasse* und biegen gleich in die *Marktgasse* ein. Dort erwartet uns eine weitere Station des Grimm-Dich-Pfades, **Das tapfere Schneiderlein.**

"Das tapfere Schneiderlein" zählt zu den berühmtesten Märchen der Brüder Grimm. Es erzählt die Geschichte eines armen Schneiders, der mit Mut und Klugheit jede Herausforderung bewältigt und alle am Ende überrascht. Das Märchen ist ein klassisches Beispiel für die David-gegen-Goliath-Thematik, in der der Außenseiter durch Intelligenz und Strategie triumphiert. Es zeigt, dass Köpfchen und Geschick oft mehr bewirken können als körperliche Stärke oder Einschüchterung.

Zum Schluss unserer Einkaufsrunde durch Marburg gehen wir geradeaus in die *Barfüßerstraße* noch etwas weiter und lassen uns von den Kreationen des **typopoetry cottage** begeistern.

Typopoetry (Katrin und Sophie) bietet im Cottage ausgewählte Papeterie und Kreativworkshops an. In den Workshops teilen sie ihre Leidenschaft für Papier und Kreativmaterialien und schaffen gemeinsam mit den Teilnehmern Schönes. Im Online Store gibt es eigene Kollektionen, handverlesene Papeterieartikel und hochwertige Kreativmaterialien. Sie arbeiten bevorzugt mit kleinen Labels zusammen, die sie persönlich kennen.

Wie wäre es jetzt mit einer kleinen Erholungspause im **Café Barfuß**?

Das Café Barfuß zeichnet sich durch seine lange Tradition und seinen authentischen Charme aus. Als eine der ältesten Kneipen der Stadt hat es sich trotz Veränderungen wie der Umstellung auf eine rauchfreie Zone und modernerer Musik seinen ursprünglichen Charakter bewahrt. Besonders ist die gemütliche Atmosphäre, in der Gespräche und Begegnungen im Mittelpunkt stehen. Es bietet eine perfekte Mischung aus Beständigkeit und kleinen Erneuerungen, was es zu einem beliebten Treffpunkt macht.

Wer es etwas erlesener mag, der gehe zunächst weiter. Gleich treffen wir auf ein anderes Restaurant besonderer Art.

Zunächst biegen wir von der *Barfüßerstraße* in den *Rübenstein* ein und dann gleich rechts in die *Kugelgasse* und treffen dort auf eine weitere Grimm-Dich-Station, das Märchen **Hänsel und Gretel**.

Die moralische Botschaft von "Hänsel und Gretel" dreht sich um Mut, Zusammenhalt und die Überwindung von Herausforderungen. Die Geschwister beweisen, dass auch in aussichtslosen Situationen Durchhaltevermögen und List zum Überleben führen können. Sie arbeiten als Team zusammen, um die Gefahren, symbolisiert durch die böse Hexe, zu besiegen. Das Märchen vermittelt, dass man sich auch in schwierigen Zeiten auf die Familie verlassen kann und dass Klugheit und Tapferkeit über das Böse triumphieren.

Wenn Sie mit Familie und Kindern unterwegs sind, dann wird es vielleicht etwas dauern, die Kleinen von Hänsel und Gretel vom

Spielplatz wieder wegzulocken. Versprechen Sie ihnen einfach eine weitere Märchenstation, die wir nun ansteuern. Über den *Lutherischen Kirchhof* und der *Ritterstraße* folgend, erreichen wir am Eingang der *Schlosstreppe* unsere letzte Grimm-Dich-Pfad-Station zum Märchen **Rotkäppchen und der Wolf.**

Was will uns das Märchen sagen? Die moralische Botschaft von "Rotkäppchen und der Wolf" liegt in der Warnung vor den Gefahren, Fremden zu vertrauen und von vorgegebenen Pfaden abzuweichen. Rotkäppchen wird durch den charmanten, aber bösen Wolf verführt, wodurch sie und ihre Großmutter in Gefahr geraten. Das Märchen lehrt Vorsicht, Gehorsam gegenüber Warnungen und die Wichtigkeit, klug und wachsam zu sein, besonders gegenüber Täuschung. Es betont, dass Unschuld und Naivität gefährlich sein können, wenn sie nicht von Umsicht begleitet werden.

Die stilisierte Weinflasche im Korb des Kunstobjektes gibt uns einen stillen Hinweis, dass gleich nebenan der reale Genuss wartet. Zum Abschluss unserer Tour durch Marburg genießen wir noch einen Besuch im **Weinlädele.**

Das Weinlädele ist besonders wegen seiner charmanten Atmosphäre und der sorgfältig ausgewählten Weinauswahl beliebt. Als kleines, gemütliches Geschäft bietet es eine persönliche Beratung, bei der die Inhaber gerne Empfehlungen geben, die auf den individuellen Geschmack der Kunden abgestimmt sind. Zudem schätzen viele die regelmäßigen Weinproben und Veranstaltungen, die das Weinlädele zu einem Treffpunkt für Weinliebhaber machen. Es verbindet Expertise mit einem warmen, einladenden Ambiente, das über den reinen Weinkauf hinausgeht.

Nun geht es schon zurück zu Pkw oder Bus. Vielleicht war es für Sie wegen dem topographischen Auf und Ab in Marburg etwas mühsam, aber sicher haben die vielfältigen Eindrücke auf unserer Tour diese Anstrengung belohnt.

***

Die Erlebnis- und Genusstour in Marburg wird dem Titel "Famos für Klein und Groß" durchaus gerecht. Es ist eine Tour zum Stöbern und Entdecken in den Geschäften. Die zwischendurch eingestreuten Stationen beim Grimm-Dich-Pfad lockern den Rundgang auf, sodass die ganze Familie Spaß haben kann.

NORDHESSEN

Nordhessen, im geografischen Norden des Bundeslandes gelegen, ist eine Region von großer Vielfalt, die mit ihren malerischen Landschaften, historischen Städten und einer einzigartigen Kultur sowohl für Einkaufs- als auch Genuss- und Erlebnistouren besonders attraktiv ist.

Nordhessen ist im Vergleich zu anderen Regionen in Deutschland eher weniger dicht besiedelt. Die Region zeichnet sich durch weite, ländliche Gebiete mit vielen Wäldern, Naturschutzgebieten und kleinen Städten aus. Im Gegensatz zu den Ballungsräumen wie Frankfurt am Main oder dem Rhein-Main-Gebiet gibt es in Nordhessen keine großen Metropolregionen, was zu einer geringeren Bevölkerungsdichte führt.

Nordhessen wird von einer abwechslungsreichen Landschaft geprägt: sanfte Hügel, weite Wälder und idyllische Täler zeichnen die Region aus. Der bekannte Nationalpark Kellerwald-Edersee, ein UNESCO-Weltkulturerbe, ist ein Highlight für Naturliebhaber. Die Wälder laden zu Wanderungen und Radtouren ein, und der Edersee, einer der größten Stauseen Deutschlands, bietet zahlreiche Freizeitmöglichkeiten, wie Bootfahren und Angeln. Diese natürliche Schönheit schafft eine perfekte Kulisse für entspannte Ausflüge und aktive Erlebnisse.

In Nordhessen finden sich charmante Städte mit einer reichen Geschichte, wie Kassel, die größte Stadt der Region. Kassel ist nicht nur für seine Kunst- und Kulturgeschichte berühmt – etwa durch die documenta, eine der weltweit bedeutendsten Ausstellungen für zeitgenössische Kunst – sondern auch für den Bergpark Wilhelmshöhe, ein beeindruckendes UNESCO-Weltkulturerbe. Weitere sehenswerte Städte sind Frankenberg mit ihrer mittelalterlichen Altstadt, sowie die Fachwerkstadt Alsfeld, die wie aus einem Märchenbuch zu stammen scheint.

Für Einkaufsbegeisterte bietet Nordhessen eine Vielzahl an Möglichkeiten: In Kassel und den umliegenden Städten finden sich sowohl große Einkaufszentren als auch traditionelle Märkte und einzigartige Einzelhandelsgeschäfte. Besonders hervorzuheben sind die Fachgeschäfte für regionale Produkte, wie handgefertigte Keramik, Wollwaren oder Holzprodukte.

Die Region ist auch für ihre kulinarischen Genüsse bekannt. Besonders die nordhessische Küche hat einiges zu bieten: Typische Gerichte wie die "Ahle Wurst", ein luftgetrockneter, kräftig gewürzter Wurstklassiker, oder der "Nordhessische Ziegenkäse" sind bei Feinschmeckern beliebt. Darüber hinaus gibt es zahlreiche Weingüter und Brauereien, die regionale Spezialitäten wie Apfelwein, Bier und Wein anbieten. In den kleinen Gaststätten und Landgasthöfen lässt sich nicht nur lecker speisen, sondern auch die Gastfreundschaft und Gemütlichkeit der Region erleben.

Zusammengefasst ist Nordhessen eine Region, die durch ihre vielfältige Landschaft, ihre historischen Städte und ihre zahlreichen Genuss- und Erlebnisangebote zu einem perfekten Ziel für Einkaufs-, Genuss- und Erlebnistouren wird. Die Kombination aus Natur, Kultur und kulinarischen Höhepunkten macht diese Region besonders reizvoll für Entdecker und Reisende, die das Authentische und Unverwechselbare suchen.

KASSEL

Die Kunst des Einkaufens
und Genießens in der
documenta-Stadt

Kassel, die pulsierende Kulturstadt im Herzen Deutschlands, ist nicht nur für ihre Kunst und Geschichte weltbekannt, sondern auch für ihre charmanten Einkaufsmöglichkeiten und ihre kulinarischen Schätze. Eingebettet in die sanften Hügel Nordhessens, vereint die Stadt eine reiche Tradition mit modernem Lebensgefühl – und lädt dazu ein, die Kunst des Einkaufens und Genießens neu zu entdecken.

Die Einkaufsstraßen von Kassel bieten eine gelungene Mischung aus bekannten Marken, regionalen Produkten und individuellen Boutiquen. Ein Spaziergang durch die Königsstraße, die zentrale Einkaufs-meile, zeigt die lebendige Seite der Stadt: Große Kaufhäuser, innovative Concept Stores und gemütliche Cafés laden zum Verweilen ein. Wer das Besondere sucht, wird in den kleinen, versteckten Geschäften der Wilhelmshöher Allee fündig, wo Kunsthandwerk, Mode und Design auf liebevolle Inszenierung treffen.

Ein absolutes Highlight ist die historische Markthalle, ein Paradies für Feinschmecker. Hier lassen sich lokale Delikatessen wie die berühmte Ahle Wurst oder frisch gebackene Speckkuchen kosten. Neben regionalen Produkten bieten Händler frisches Obst, Gewürze und handgemachte Köstlichkeiten aus aller Welt – ein Erlebnis für alle Sinne.

Kassel ist eine Stadt für Genießer. Die nordhessische Küche, bodenständig und mit Herz, begeistert durch ehrliche Aromen und regionale Zutaten. Ein Besuch in einem der traditionellen Gasthäuser gehört unbedingt dazu – dort sollte man sich Kasseler Rippchen oder die Kartoffelspezialität Weckewerk nicht entgehen lassen.

Für eine modernere Interpretation der Regionalküche laden gehobene Restaurants wie das Renthof Kassel ein, wo regionale Produkte auf kreative Weise neu interpretiert werden. Nicht zu vergessen sind die gemütlichen Cafés der Stadt, die mit hausgemachten

Kuchen und dem Blick auf historische Fassaden für unvergessliche Genussmomente sorgen.

Als Kulturmetropole mit Weltrang ist Kassel ein Zentrum für Kunstliebhaber. Dieses kreative Flair spiegelt sich auch beim Einkaufen wider. Viele kleine Läden und Galerien bieten einzigartige Kunstwerke, handgemachtes Design und literarische Schätze. Die Nähe zur documenta ist allgegenwärtig: Einige Shops und Pop-up-Stores präsentieren exklusive Werke von Künstlern, die auf der weltweit bekannten Ausstellung vertreten sind.

Neben Einkaufs- und Genusstouren bietet Kassel auch Möglichkeiten zur Erholung. Der Bergpark Wilhelmshöhe, ein UNESCO-Weltkulturerbe, ist ein Meisterwerk der Gartenkunst. Nach einem ausgiebigen Stadtbummel lädt der Park dazu ein, bei einem Picknick oder einem Spaziergang die Seele baumeln zu lassen. Nicht weit entfernt lockt die Karlsaue mit der Orangerie und ihren weiten Grünflächen – ein perfekter Abschluss eines gelungenen Tages.

Kassel zeigt, dass Einkaufen und Genießen eine Kunst sein können. Die Stadt vereint kulturelle Inspiration, kulinarische Vielfalt und Einkaufsmöglichkeiten, die sich abseits des Mainstreams bewegen. Ob Sie nach einem besonderen Kunstwerk, einem regionalen Genussmoment oder einer entspannten Auszeit suchen – Kassel begeistert und inspiriert gleichermaßen.

Entdecken Sie die Kunst des Einkaufens und Genießens in Kassel – einer Stadt, die Tradition und Moderne mit unverwechselbarem Charme verbindet.

***

Wir beginnen unsere Tour im *Parkhaus Wilhelmstraße*. Für Nutzer des Öffentlichen Nahverkehrs empfehle ich ab *Kassel Hauptbahnhof* die Linie 30 Richtung Hannover-Münden, eine Station bis zum *Scheidemannplatz*, dann zu Fuß 450 m weiter.

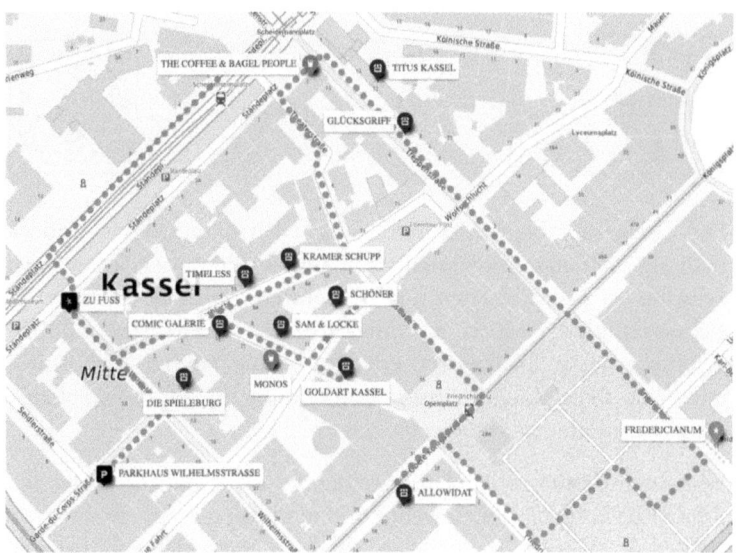

Im Zoom zur besseren Orientierung:

Auf Höhe des Stadtmuseums überqueren Sie die Straße am *Ständeplatz* und sind in der *Wilhelmstraße* angekommen. Von da aus begeben wir uns zu unserem 1. Einkaufserlebnis in Kassel, die **Spieleburg**.

Die Spieleburg begeistert Spielefans jeden Alters. Hier entdeckt man ein vielfältiges Sortiment: von Brettspielen über Kinderspielzeug bis zu Sammelkarten und Miniaturen. Besucher können Ansichtsexemplare testen, an Spieleabenden teilnehmen und bei Events neueste Spielewelten erleben. In entspannter Atmosphäre entstehen Begegnungen, Inspiration und unvergessliche Spielerlebnisse – ein Paradies für alle, die das Spiel lieben.

Wenn Sie sich vom Spielen losreißen können, geht es in der *Wilhelmsstraße* noch ein Stück weiter und wir biegen rechts in die *Wolfsschlucht* ein. Von da aus machen wir noch einen kleinen Abstecher rechts in die *Opernstraße* und lassen uns auf ein weiteres Freizeitvergnügen ein, dem Comiclesen in der **Comic Galerie**.

Die Comic Galerie ist ein Treffpunkt für Comic-Liebhaber und Fantasy-Fans. Der 1988 von Michael Codina gegründete Laden ist bekannt für seinen Austausch zwischen Mitarbeitern und Kunden sowie für Rollenspielrunden. Ursprünglich auf Antiquariate spezialisiert, erweiterte Codina das Angebot ab 1990 um Rollenspiele, Fantasy und Manga. Mit seiner Geschäftsphilosophie, das Hobby zum Beruf zu machen, schafft Codina seit über 25 Jahren eine einzigartige Atmosphäre für seine Kunden.

Wir gehen wieder zurück zur *Wolfsschlucht* und halten uns rechts, überqueren die Straße und halten bei **Timeless** an.

Seit 2006 schreibt Timeless eine Erfolgsgeschichte. Was einst auf 100 m² als Streetwear- und Skateshop begann, ist heute ein 350 m² großes Fashion-Erlebnis. Mit Leidenschaft und einem Auge für Wandel lebt das Team zeitlosen Stil. Ob Fairtrade-Lieblingsteil oder Detox-Jeans – hier findet jeder sein Stück Individualität. Typgerechte Beratung oder entspanntes Stöbern: Mode wird hier mit Überzeugung gelebt. Timeless – mehr als ein Name, ein Lebensgefühl.

Schräg gegenüber können wir uns bei **Kramer Schupp** wieder von einer kleinteiligen Vielfalt inspirieren lassen.

In diesem Geschäft finden Kunden tolle Geschenke für Freunde, Familie, Kollegen, Kunden oder auch für sich selbst. Die sorgfältig ausgewählten Produkte bestechen durch außergewöhnliche Designs, clevere Ideen und besondere Funktionen. Hier gibt es endlich mal etwas anderes, das Freude bereitet!

Von der *Wolfsschlucht* biegen wir links ab in die *Theaterstraße* und folgen ihr bis zu ihrem Ende, halten uns am *Scheidemannplatz* rechts und können vielleicht eine kleine Pause bei **Coffee Bay** vertragen.

Coffee Bay ist ein gemütliches und modernes Kaffeehaus, das für die einladende Atmosphäre und hochwertigen Kaffee bekannt ist. Besonders in Kassel, einer Stadt die Kultur und Urbanität vereint, bietet Coffee Bay einen beliebten Treffpunkt für Einheimische, Studenten und Touristen.

Nach dieser kleinen Erholungspause biegen wir rechts in die *Treppenstraße* ein. Die Treppenstraße wurde 1953 eröffnet und war damals eine städtebauliche Neuheit. Sie sollte als modernes Zentrum der Stadt dienen und war Teil der Vision einer autogerechten Stadt, die dennoch Platz für Fußgänger bietet. Die Straße wurde terrassenförmig angelegt, was ihr den Namen "Treppenstraße" gab. Sie bietet durch ihre offene Gestaltung Raum für Veranstaltungen, Märkte und Straßenkunst. Sie ist ein Ort, an dem sich Menschen treffen und die urbane Atmosphäre genießen können.

Die Treppenstraße war und ist also ein urbaner Glücksgriff, was uns zu unserem nächsten Ladengeschäft führt, das das Gefühl namentlich aufgreift, dem **Glücksgriff**.

Glücksgriff bringt kreative und einzigartige Produkte in die Stadt. Das Geschäft bietet wunderbare Geschenkideen von kleinen regionalen Unternehmen wie Stadtliebe und internationalen Labels wie Umbra. Das Sortiment umfasst Geschenke, Schmuck, Accessoires, Wohnideen, Pflanzen und Spielzeug. Besondere Highlights sind Papierinsekten von Assembli, handgemachte Becher von Eulenschnitt und Wärmflaschen von Yuyu Bottles. Hochwertige Handtaschen, Rucksäcke und Portmonaies sind von Harolds, Margelisch und 7Clouds erhältlich, stylische Leuchten von It's about Romi und Good & Mojo. Männer und Frauen finden hier für Freizeit, Arbeit und Reise den passenden Begleiter. Besonders in den Sommermonaten gibt es eine große Auswahl an Zimmerpflanzen. Glücksgriff sorgt dafür, dass jeder Besuch ein besonderes Einkaufserlebnis ist.

Zu der beschriebenen urbanen Atmosphäre gehört auch eine der bekanntesten Skatershops in Deutschland, das **TITUS in Kassel**, das wir etwas weiter unten finden.

Titus Dittmann, "Vater der deutschen Skateboard-Szene" und Gründer der Titus GmbH, steht für pure Leidenschaft auf vier Rollen. Im TITUS Kassel Skateshop in der Treppenstraße finden Skateboarder, Longboarder und Cruiser alles, was das Herz begehrt – inklusive stylischer Streetwear, angesagter Sneaker und Accessoires. Auch Graffiti-Künstler werden hier fündig. Das erfahrene Team sorgt für Top-Beratung und echte Szene-Vibes.

Ein Besuch in der documenta-Stadt Kassel ohne Besuch des Fridericianum ist undenkbar. Deshalb geht es weiter treppab, überqueren die *Obere Königsstraße* und treffen auf den *Friedrichsplatz* mit dem Kunstmuseum **Fridericianum**.

Das Fridericianum wurde 1779 eröffnet und war eines der ersten öffentlichen Kunstmuseen auf dem europäischen Kontinent. Seit der ersten documenta im Jahr 1955 dient das Fridericianum als Hauptausstellungsort dieser weltweit renommierten Kunstschau. Es symbolisiert die Verbindung von Tradition und Moderne, indem es eine Bühne für experimentelle und zeitgenössische Kunst bietet.

Das Fridericianum fungiert nicht nur während der documenta, sondern auch darüber hinaus als bedeutendes Zentrum für zeitgenössische Kunst. Es zeigt wechselnde Ausstellungen von Künstlern aus der ganzen Welt und ist ein Treffpunkt für Kunstliebhaber und Kulturinteressierte. Das Fridericianum ist ein Symbol für Kassels kulturelle Strahlkraft. Es repräsentiert die Stadt als einen Ort, an dem Geschichte und moderne Kunst miteinander verschmelzen.

Der Himmelsstürmer zur DOCUMENTA IX 1992

Der Himmelsstürmer in Kassel ist eines der markantesten Kunstwerke der Stadt und ein ikonisches Wahrzeichen. Die Skulptur zeigt eine Figur, die scheinbar mühelos eine schräg aufgerichtete, 25 Meter hohe Stahlstange hinaufsteigt. Dieses Motiv steht metaphorisch für den menschlichen Drang nach Fortschritt, Überwindung von Grenzen und das Streben nach dem "Himmel".

Es ist eine Hommage an die Zielstrebigkeit und Entschlossenheit des Menschen. Der Himmelsstürmer wurde zur documenta IX im Jahr 1992 installiert und ist seither ein dauerhaftes Kunstwerk in Kassel. Als documenta-Arbeit verkörpert er die innovative und experimentelle Geisteshaltung, die diese Ausstellung prägt.

Die Skulptur befindet sich heute vor dem Kulturbahnhof Kassel, einem zentralen kulturellen Dreh- und Angelpunkt der Stadt. Durch ihre Höhe und die ungewöhnliche Perspektive der aufsteigenden Figur zieht sie sofort die Aufmerksamkeit auf sich und regt die Fantasie der Betrachter an.

Wir überqueren den *Friedrichsplatz* und biegen links in die *Obere Königsstraße* ein. Dort befindet sich linker Hand ein ganz besonderes Geschäft, das unsere Sinne anregen soll, das **Alowidat**.

Alowidat lädt ein, einen einzigartigen Duft zu erschaffen – individuell komponiert und mit bis zu 24 Stunden Intensität. Über 700 edle Düfte warten darauf, entdeckt zu werden, ob als Parfum oder reines Öl. Jeder Duft findet seinen perfekten Flakon, jede Beratung ist persönlich und inspirierend. Luxus und Qualität verschmelzen zu einem Erlebnis – und das zu erstaunlichen Preisen.

Von den Düften wohlig berauscht gehen wir ein Stück die *Obere Königsstraße* zurück. Über den *Opernplatz* und der *Theaterstraße* gelangen wir wieder zur Straße *Neue Fahrt*. Wir biegen links ein und jetzt soll es noch **Schöner** werden.

Kerstin & Alex bieten in ihrem Geschäft eine Auswahl an hochwertiger Kleidung, zeitlosem Schmuck, extravaganten Accessoires, natürlichen Beautyprodukten und stilvollem Interieur. Neben regelmäßigem Event-Programm, wie Live-Konzerten und Workshops, suchen sie stets nach neuen, nachhaltigen Marken und Designs. Besonders stolz sind sie auf ihre große Auswahl an Cowboy-Boots in verschiedenen Stilen und Farben. Für ein außergewöhnliches Shopping-Erlebnis, ob im Store oder Online-Shop, sind alle herzlich willkommen.

Jetzt machen wir noch einen Sprung zurück in die *Opernstraße* und bewundern die Schmuckstücke von **Goldart Kassel**.

Goldart Kassel, ein renommiertes Juweliergeschäft, bietet eine exquisite Auswahl an hochwertigen Trau- und Verlobungsringen, die individuellen Stil und Geschmack perfekt ergänzen. Ihr Ziel ist es, ein einzigartiges Einkaufserlebnis zu bieten, unterstützt von fachkundiger, persönlicher Beratung. Kundenzufriedenheit steht an erster Stelle. Goldart Kassel steht für Eco, Ethical, Enjoyable und garantiert, dass alle Ringe zertifiziert sind und höchsten Respekt für Mensch und Natur symbolisieren. Reparaturen und Umarbeitungen werden in der hauseigenen Werkstatt in handwerklicher Perfektion durchgeführt.

Jetzt gehen wir kurz die *Opernstraße* in die andere Richtung und erreichen unser letztes Ladengeschäft auf unserer Tour durch Kassel, das Babyparadies **Sam & Locke**.

Sam & Locke ist ein Baby- und Kindergeschäft. Das Sortiment umfasst viele skandinavische Hersteller sowie Produkte von Familienunternehmen aus Deutschland, England, Spanien und Belgien. Angeboten werden waldkindergartengeeignete Kleidung, festliche und alltägliche Mode sowie Geschenke rund um Geburt, Geburtstag und Interieur für Babys und Kinder. Das Geschäft bietet die Möglichkeit, individuelle Geschenkkörbe zusammenzustellen und Gutscheine zu erwerben.

Zum Abschluss gönnen wir uns noch, gleich gegenüber, ein kulinarisches Highlight, das durch sein innovatives Konzept, seine exzellente Küche und eine besondere Atmosphäre besticht, das griechische Lokal **MONOS**.

Das MONOS hat sich darauf spezialisiert, traditionelle griechische Aromen in einer zeitgemäßen Interpretation zu präsentieren. Statt klassischer Taverna-Gerichte gibt es hier fein abgestimmte, kreative Gerichte, die mit frischen, hochwertigen Zutaten zubereitet werden. Typische Speisen wie Souvlaki, Moussaka oder Meeresfrüchte werden modern und stilvoll angerichtet.

Der Name "Monos" (griechisch für "einzigartig" oder "allein") spiegelt die Philosophie des Restaurants wider: individuelle, authentische Gerichte, die in ihrer Einfachheit und Perfektion überzeugen. Das Monos richtet sich an Gäste, die das Besondere suchen und die griechische Küche neu erleben möchten.

Nach diesem Geschmackserlebnis kehren wir wieder über die *Wolfsschlucht* und *Wilhelmsstraße* zu unseren Ausgangspunkten Bahn/Bus oder Parkhaus zurück.

✳✳✳

Das war eine wahrhaft abwechslungsreiche Tour durch die documenta-Stadt. Ich hoffe Sie haben es genossen. Leider können wir in der Tourzusammenstellung nicht alle Lieblingsläden aufnehmen. Sie finden Sie wieder, insgesamt 39 Geschäfte, auf der Webseite www.laden-butler.de. Zum Abschluss möchte ich noch auf eine besonders schöne Location hinweisen, die ich bereits zu Beginn erwähnt habe.

*Die **Markthalle Kassel** in der Wildemannsgasse ist einen Abstecher immer wert. Sie ist bekannt für ihre große Auswahl an frischen, regionalen Produkten. Von Obst und Gemüse über Fleisch, Fisch und Käse bis hin zu handgemachten Spezialitäten – hier finden Besucher alles, was das Herz begehrt.*

Markthalle Kassel

Viele Anbieter stammen aus der Region und bieten lokale Erzeugnisse an. Neben frischen Lebensmitteln gibt es zahlreiche Stände, die internationale Gerichte und Snacks anbieten. Von mediterranen Tapas bis zu asiatischen Köstlichkeiten können Besucher die Welt der Kulinarik entdecken. Es gibt auch gemütliche Sitzgelegenheiten, um Speisen direkt vor Ort zu genießen.

FRITZLAR

Ein Juwel der kurzen Wege

Fritzlar, eine der ältesten Städte Deutschlands, ist ein historisches Juwel mit tiefen Wurzeln in der deutschen Geschichte. Die Stadt liegt malerisch im Nordhessischen Bergland und ist besonders bekannt für ihre gut erhaltene mittelalterliche Altstadt mit Fachwerkhäusern, Türmen und Stadtmauern, die den Charme vergangener Jahrhunderte bewahren.

Hier ließ Bonifatius im Jahr 723 die Donareiche fällen, ein entscheidender Schritt zur Christianisierung Deutschlands. Später wurde die Stadt zum Ort der Gründung des Heiligen Römischen Reiches, da König Heinrich I. hier 919 zum König gewählt wurde. Der imposante Dom St. Peter, ein Wahrzeichen der Stadt, steht als Zeugnis dieser glorreichen Vergangenheit und ist ein Muss für Besucher.

Ein Spaziergang durch die kopfsteingepflasterten Gassen führt vorbei an liebevoll restaurierten Fachwerkhäusern, dem Marktplatz mit dem Rolandbrunnen und der gut erhaltenen Stadtmauer mit Wehrtürmen.

Fritzlar bietet eine bunte Mischung aus kleinen Boutiquen, Fachgeschäften und traditionellen Handwerksläden. Besonders rund um den historischen Marktplatz finden sich viele Geschäfte, die alles von Mode über Kunsthandwerk bis zu Souvenirs anbieten. Wochenmärkte und saisonale Veranstaltungen wie der Weihnachtsmarkt verleihen dem Einkaufserlebnis zusätzlich eine besondere Note.

Fritzlar vereint Geschichte, Kultur und Genuss auf einzigartige Weise. Die Stadt lädt nicht nur dazu ein, in die Vergangenheit einzutauchen, sondern bietet auch moderne Erlebnisse wie Shopping und regionale Kulinarik. Egal, ob Sie ein Geschichtsfan, ein Feinschmecker oder ein Genussreisender sind – Fritzlar hat für jeden etwas zu bieten und ist einen Besuch wert.

***

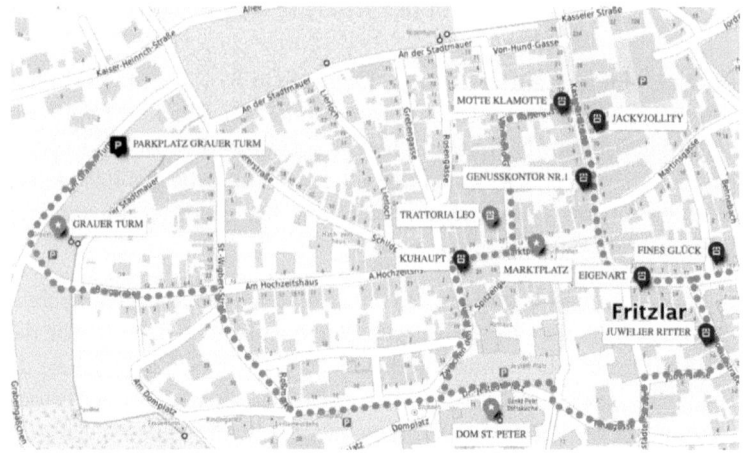

Im Zoom zum besseren Überblick:

Fußläufiger Zeitbedarf (24')

Wir stellen unser Fahrzeug auf dem *Parkplatz Grauer Turm* ab. Gleich nebenan befindet sich auch ein Wohnmobilstellplatz. Nutzer öffentliche Verkehrsmittel steigen zunächst am *Bahnhof Fritzlar* aus und müssen leider etwa 20 Minuten in die Innenstadt laufen.

Wir beginnen unsere Einkaufs- und Erlebnistour durch Fritzlar vom Parkplatz aus und erfreuen uns zunächst an einem städtebaulichen Augenschmaus, dem **Grauen Turm**.

Der Graue Turm wurde im 14. Jahrhundert als Teil der Stadtbefestigung errichtet und diente ursprünglich als Wachturm und als Teil der Verteidigungsanlagen. Mit einer Höhe von etwa 30 Metern war er ein wichtiger Punkt in der Stadtmauer, von dem aus die Stadt überwacht werden konnte. Die imposante Bauweise und die gut erhaltene Struktur machen ihn zu einem wichtigen Zeugnis der mittelalterlichen Stadtentwicklung.

Heute kann man ihn besichtigen und von der Spitze eine herrliche Aussicht über Fritzlar und die umliegende Landschaft genießen. Der Blick über die Altstadt und das grüne Umland ist besonders reizvoll und bietet einen einzigartigen Blick auf die mittelalterliche Struktur der Stadt.

Der Graue Turm wird auch für verschiedene Veranstaltungen genutzt, wie zum Beispiel Führungen oder kulturelle Events. Dies ermöglicht es den Besuchern, noch tiefer in die Geschichte und Bedeutung des Turms und der Stadt Fritzlar einzutauchen.

Wir wenden uns der Straße *Burggraben* zu und biegen dann rechts in die *St. Wigbert-Straße* ein. An der nächsten Straßenecke, links neben dem Bonifazius-Denkmal, sehen wir schon den **Dom St. Peter** herausragen.

Der Dom St. Peter ist ein Meisterwerk romanischer Baukunst und ein Ort von historischer Bedeutung. Hier wurde 732 das erste Kirchengebäude durch Bonifatius errichtet, womit die Christianisierung Deutschlands begann. Seine eindrucksvollen Türme, die prachtvollen Glasfenster und die einzigartige Krypta versetzen Besucher in vergangene Jahrhunderte. Der Dom ist nicht nur ein spiritueller Ort, sondern auch ein kulturelles Highlight mit Führungen, Konzerten und einer beeindruckenden Atmosphäre.

Vor dem Dom fällt uns eine übergroße Sitzgruppe auf. Dieses Kunstwerk soll ein Symbol für Begegnung und Gemeinschaft sein. Ein guter Platz und Moment kurz zu verweilen und die historische Kulisse zu genießen.

Die "Hohen Stühle" sind überdimensionale, fast surreal wirkende Sitzmöbel, die bewusst so gestaltet sind, dass sie nicht direkt genutzt werden können. Sie stehen für Macht, Autorität und Vergänglichkeit – eine Anspielung auf die Geschichte Fritzlars als historisch bedeutender Ort, insbesondere im Zusammenhang mit dem Dom.

Die Stühle sind ein beliebtes Fotomotiv und regen zu Interpretationen an. Sie spiegeln das Spannungsfeld zwischen Vergangenheit und Gegenwart wider und laden dazu ein, über Macht, Verantwortung und Geschichte nachzudenken.

Die "Hohen Stühle" machen den Platz vor dem Fritzlarer Dom zu einem besonderen Erlebnisort, an dem Kunst, Geschichte und Philosophie aufeinandertreffen.

Die hohen Stühle vor dem Fritzlarer Dom

Die Glasfenster im Dom St. Peter haben eine große künstlerische, religiöse und historische Bedeutung. Sie erzählen biblische Geschichten, symbolisieren göttliches Licht und verleihen dem Kirchenraum eine besondere Atmosphäre.

Das Spiel von Licht und Farbe im Innenraum verändert sich je nach Tageszeit, was den Innenraum des Doms immer wieder in einem neuen Licht erscheinen lässt.

Glasfenster im Dom St. Peter in Fritzlar

Nach dem Besuch des Doms mit seinen wunderschönen Glasfenstern wenden wir uns dem historischen Kern von Fritzlar zu, dem Marktplatz.

Wir nutzen dazu die Straße *Zwischen den Krämen*, die hinter den Hohen Stühlen beginnt und kommen schon bald beim *Marktplatz* an.

Hier treffen wir, gleich an der Ecke, auf unseren ersten Lieblingsladen, dem Kunsthandwerk- und Juwelierladen **Kuhaupt**.

Mitten im Herzen der Stadt, nahe Dom St. Peter und dem Rathaus, präsentiert Kuhaupt ein Sortiment voller Besonderheiten: Uhren,

Schmuck, Kunsthandwerk und Schönes für Haus und Tisch. Gegründet vor 33 Jahren, entwickelte sich das Fachgeschäft von Bad Emstal nach Fritzlar weiter – stets mit eigener Werkstatt und wachsendem Angebot. Das Team und die Kundenwünsche prägen bis heute die Vielfalt des Angebots. Leidenschaft und Handwerkskunst – seit über drei Jahrzehnten.

Schräg gegenüber entdecken wir die Trattoria Leo. Wenn es noch früh am Morgen ist, dann verzichten wir vielleicht erst einmal und heben uns diesen Genuss zum Abschluss unserer Tour auf.

Nutzen Sie vielleicht alternativ eines der Cafés am Marktplatz für eine kleine Erfrischung und bestaunen Sie das pittoreske Fachwerkensemble des Platzes.

Rolandbrunnen am Marktplatz in Fritzlar

Der **Marktplatz** in Fritzlar begeistert mit seinem beeindruckenden mittelalterlichen Charme und der Fachwerkidylle.

Markt-platz

Umrahmt von liebevoll restaurierten Häusern, erzählt er Geschichten aus Jahrhunderten. Der Rolandbrunnen, das Zentrum des Platzes, symbolisiert Recht und Freiheit und beeindruckt mit kunstvoller Gestaltung. Gemeinsam schaffen sie eine malerische Kulisse, die Historie und Lebendigkeit vereint – ein Ort, der zum Flanieren, Verweilen und Genießen einlädt und das Herz von Fritzlar spürbar macht.

Wir ziehen weiter, Richtung Norden, in die *Von-Hund-Gasse*. Nach wenigen Schritten biegen wir rechts in die *Kaisergasse* ein. Dort treffen wir auf einen interessanten Store mit vielfältigem Angebot, das Tattoo- und Modegeschäft **Motte Klamotte**.

Motte Klamotte verkörpert nachhaltige, fair und ethisch produzierte Mode. Sie schafft Bewusstsein für Mode, die nicht nur schön, sondern auch sauber ist – ohne Kinderarbeit, Chemikalien oder Ausbeutung. Mit GOTS-zertifizierten Materialien, selbst bedruckt und genäht, setzt sie auf Transparenz und kurze Wege. Ihre Produkte entstehen verantwortungsvoll, mit grünem Versand und lokalem Engagement. Wer echte Werte trägt, entscheidet sich für Motte Klamotte – Mode, die wirklich zählt.

Das war sicher inspirierend und so ziehen wir weiter und biegen rechts ab in die *Kassler Straße*. Auf der gegenüberliegenden Straßenseite entdecken wir unseren nächsten Lieblingsladen, der uns italienischen Flair verspricht, das Modegeschäft **JackyJollity**.

JackyJollity steht für Fröhlichkeit und Kreativität – und genau das spiegelt sich in ihren einzigartigen Designs wider. Nach Jahren in der Modebranche gründete Silke Rako-Trhlin 2019 ihr eigenes Label, mit dem sie Unikate kreiert: Streetstyle, casual, fancy oder chic – jedes Teil ist ein Kunstwerk. Silke alias Jacky legt größten Wert auf Qualität und Herkunft der Materialien. Inspiriert von ausgefallenen Prints und Farben, bietet sie auch italienische Mode und Schmuck von ZAG Paris an. Entdecken Sie ihre Kollektion bei einem Besuch in ihrem Fashionstore.

Wir bleiben in der *Kasseler Straße* und gehen wieder Richtung Süden. Nur ein kleines Stück weiter auf der linken Seite erwartet uns das **GenussKontor Nr.1.**

Der Name präsentiert eine erlesene Auswahl feinster deutscher Whiskys, Obstbrände, Liköre und Weine sowie exklusive Essige, Öle, Pestos, Pasta, Gewürze und Antipasti für Feinschmecker und Hobbyköche. Über 150 Teesorten und hochwertige Pralinen ergänzen das außergewöhnliche Sortiment. Mit leidenschaftlicher Fachberatung und unvergleichlichem Kundenservice lädt der Name zu einer genussvollen Entdeckungsreise ein. Eine Institution, die Qualität und Begeisterung perfekt vereint.

Wir folgen weiter der *Kasseler Straße* und kommen in die *Gießener Straße*, wo uns gleich das Geschäft **EIGENART** empfängt.

EIGENART steht für Stil, Vielfalt und Persönlichkeit. Ob frech und farbenfroh oder dezent und elegant – hier findet jede Frau ihr passendes Highlight, auch mit weiblichen Kurven. Nicol begeistert mit ihrem Gespür für Mode und einer Beratung, die mehr als nur überzeugt. Der Concept Store vereint ausgesuchte Designs, kreative Marken und eine Atmosphäre, die inspiriert. Wer Individualität sucht, erlebt hier mehr als nur Shopping – er entdeckt wahre Lieblingsstücke.

Wenn Sie vielleicht mit Ihrem geliebten Vierbeiner unterwegs sind oder ihm/ihr etwas Schönes oder Leckeres mitbringen wollen, dann sollten Sie noch in Stückchen der Gießener Straße folgen, denn dann kommt **Fines Glück** auf Sie zu.

"Fines Glück" ein Name mit Geschichte! Gegründet 2019 von Andrea und Rainer Reinemer, entstand das Geschäft aus der Erfahrung mit ihrer Neufundländer-Hündin Fine, die von einer ausgewogenen Ernährung profitierte. Der Onlineshop bietet sorgfältig getestete Produkte, darunter die beliebte Futterwurst – das Herzstück eines artgerechten Ernährungskonzepts für Hunde und Katzen. Ohne Zusätze, Chemie oder Schnickschnack – für natürliche Freude bei Vierbeinern!

Wir verlassen das Hundeglück-Geschäft und gehen ein kleines Stück der *Gießener Straße* zurück und biegen links in die *Nikolausstraße* ein. Kurz vor der *Judengasse*, auf der rechten Seite, können Sie vielleicht einen anderen ihrer Lieblinge glücklich machen. Das gelingt sicher beim **Juwelier Ritter**.

Seit über 111 Jahren vereint das traditionsreiche Geschäft Leidenschaft für Schmuck und Uhren mit persönlichem Service. Es ist Teil besonderer Momente – vom Antrag bis zur Beförderung. Mit Hingabe fertigt es handgearbeitete Unikate aus edlen Materialien oder haucht Erbstücken neues Leben ein. Dabei verschmelzen Qualität, Engagement und faire Preise zu einem einzigartigen Erlebnis, das dauerhaft glänzt – in der 4. Generation, mit Herz und Tradition.

Das war unsere letzte Station bei den Lieblingsläden in Fritzlar. Wenn Sie jetzt hungrig geworden sind, dann nichts wie los zurück zum *Markt-platz*. Sie können den kurzen Weg über die *Gießener Straße* nehmen oder noch einmal das Ambiente beim *Domplatz* genießen, um dann zum *Marktplatz* zu kommen.

Am *Marktplatz* angekommen besuchen wir die bereits erwähnte **Trattoria Leo**.

Die Trattoria Leo lädt zu einem authentischen Genussmoment ein: Frische, nachhaltige Zutaten treffen auf handwerkliche Perfektion und mediterrane Herzlichkeit. Hausgemachte Pasta, knusprige Pizza und erlesene Weine entführen in die Aromenwelt Italiens. Ob romantisch zu zweit oder in geselliger Runde – hier wird jede Mahlzeit zur Reise ins kulinarische Herz von Bella Italia.

Sicher werden Sie dieses Lokal zufrieden verlassen und können nun zu Ihrem Fahrzeug oder zum Bahnhof zurückkehren.

***

Das Zentrum von Fritzlar ist kompakt und klein, zeichnet sich durch kurze Wege aus und ist für einen gemütlichen und entspannten Besuch eine Topadresse. Nicht nur das städtebauliche Ambiente auch das Angebot von spannenden Handelskonzepten und kulinarischen Highlights können überzeugen und bleiben nach dem Besuch lange in Erinnerung.

NACHWORT

Liebe Leserin, lieber Leser,

ich hoffe, ich konnte Ihnen die Vielfalt der hessischen Innenstädte und deren Angebote ein Stück näherbringen. Es gab vieles zu entdecken. Auch ich als langjähriger Handels- und Marktexperte war und bin immer wieder überrascht, welche kreativen Konzepte uns in den hessischen Altstädten erwarten.

Sicher haben Sie den einen oder anderen Laden oder das gewählte Restaurant gekannt, aber dennoch das eine oder andere Schätzchen Ihrer Wahl vermisst.

Dass hier nicht alle hessischen Lieblingsläden vorgestellt werden konnten liegt an dem Konzept jeweils eine zusammenhängende Tour zu erstellen. Viele erwähnenswerte Geschäfte sind deshalb nicht in diesem Buch vorgestellt worden. Alle durch sehr hohe positive Kundenrezensionen ausgezeichnete Geschäfte sind aber auf meiner Webseite www.laden-butler.de erfasst. Fehlt Ihnen trotzdem etwas, dann helfen Sie mit, bewerten Sie auf den Social-Media-Kanälen ihr Lieblingsgeschäft oder regen Sie die Besitzer an aktiver in diesen Kanälen zu werden. Dann kann ich in einer der folgenden Auflagen Ergänzungen vornehmen.

Ich wünsche Ihnen noch viele glückliche Einkaufs- und Erlebnisstunden in den schönen Städten von Hessen.

Herzlichst, Ihr

Wilfried Weisenberger

ww@laden-butler.de

ÜBER DEN AUTOR

 Wilfried Weisenberger ist eine erfahrene Persönlichkeit im Bereich Handel und Kommunalberatung. Seine berufliche Laufbahn begann er als Büro- und Einzelhandelskaufmann im Kaufhaus Allersberger Straße in Nürnberg beim traditionsreichen Versandhändler Quelle. Später studierte er an der FAU Erlangen-Nürnberg Wirtschafts- und Sozialwissenschaften sowie Wirtschaftsgeographie. In seiner beruflichen Karriere arbeitete er unter anderem als Immobilien- und Kommunalexperte bei der Gesellschaft für Konsumforschung (GfK) und bekleidete dort mehrere Führungsfunktionen. Dabei spezialisierte er sich auf die Handelsberatung und die Kommunalentwicklung.

Zudem wird seine Expertise in mehreren Jurygremien seit vielen Jahren geschätzt. Dazu zählt z.B. die Innenstadtinitiative "Ab in die Mitte Hessen" des hessischen Wirtschaftsministeriums.

Weiter ist er seit mehr als 15 Jahren Dozent bei der IREBS Immobilienakademie zum Thema "Markt- und Standortanalysen".

Weisenberger ist auch Gründer der SK Standort & Kommune Beratungs GmbH, einem Unternehmen, das sich seit 2011 auf die Standortentwicklung von Handel und Kommunen spezialisiert hat. Nach dem Verkauf der Firma 2022 konzentriert er sich verstärkt auf die Entwicklungsperspektiven der Innenstädte. Besonders faszinieren ihn die Dynamik und der Wandel im Einzelhandel. Seine Leidenschaft für innovative Konzepte und den Kundenfokus spiegelt sich in seinen Projekten wider, darunter zuletzt die Internet-Plattform LadenButler, die innovative Lösungen für den stationären Handel präsentiert.

Er verbindet jahrzehntelange Erfahrung im Einzelhandel mit einem tiefen Verständnis für die wirtschaftlichen und gesellschaftlichen Herausforderungen des Marktes.